KB245157

인권관련
국제기구 지식정보원

국제기구 지식정보원 시리즈 ❹

인권관련 국제기구 지식정보원

International Organizations | 홍현진 · 노영희

KSI 한국학술정보㈜

머리말

　인권(人權, human rights)은 모든 사람들이 인간다운 삶을 위해 인간이면 누구나 갖는 권리이다. 인권은 인류사회 구성원 모두가 인권의 주체가 된다는 점, 인권의 발생 근원은 인간 자체에 있다는 점, 인간의 삶 모든 영역이 인권의 대상이 된다는 점, 인간의 삶이 특정 사회 및 사회관계 속에서 이루어지기 때문에 인권은 그 발생과 실현을 위해서 특정 사회와 사회관계가 전제되어야 한다는 점을 함축하고 있다.

　이러한 인권을 국제적 차원에서 보호하기 위한 장치들은 국제적 인권선언이나 국제인권규약의 형태로 나타나며, 「국제권리장전」에 속하는 규정들을 포함하여 「UN헌장」, 「국제사법재판소 법규정」, 「유럽안보와 협력에 관한 헬싱키 조약」을 비롯한 미주 지역, 아프리카 지역, 아랍 지역 등 각 지역별 인권협약, 그리고 「국제노동기구 ILO의 노동과 복지수준에 관한 국제협력」, 최근의 「빈 인권선언」 및 「아시아 인권헌장」 등에 나타나 있다. 이들 속에 포함된 인권보호에 대한 실행조처는 대부분 세계 각 국가에 대한 도덕적·법적 권고로 나타나는데, 공통적인 내용은 각 나라의 헌법 및 법률 체계 속에 그 나라 국민과 사회구성원의 인권을 보장하는 규정을 두고 국가가 이를 준수하라는 것이다.

　UN Charter에 근거한 인권관련 조직으로는 UN총회(GA)와 경제사회이사회(ECOSOC)를 들 수 있으며 ECOSOC는 인권문제에 관한 한 UN에서 가장 중요한 기능을 담당하는 기구이고,

GA(General Assembly)는 UN의 주요 대의기구이며 모든 회원국에게 평등하게 그 의결권이 보장된다.

이러한 인권관련 국제기구들은 정부간, 지역간 연합에 의해 설립되며, 각 국제기구들이 인권적인 측면에서 발생하는 세계적인 문제들을 협력하여 해결해 나가면서, 그 과정에서 발생하는 모든 활동과 정책을 문서화하고 있다. 각 기구의 활동에서 생산된 각종 법률과 수천 종의 간행물은 다양한 정보를 수록하고 있어서 지식정보자원으로서 중요한 의미를 지닌다고 할 수 있다. 본 저서에서는 이러한 정보를 체계적으로 수집하고 유통시킬 수 있는 방안을 강구하고자 하였고, 이를 위해 각 국제기구가 생산 및 관리하고 있는 지식정보원에 대한 정보를 최대한 수집하여 정리하였다.

첫째, 조사대상 국제기구를 선정하였다. 현재 인권관련 국제기구 중에서 비교적 규모가 큰 국제기구만을 선정하되 기구 활동의 결과를 문서로 생산하거나 기구 내에 도서관·정보센터를 두고 있는 기구들을 중심으로 조사하였다.

둘째, 선정된 국제기구 자체에 대한 조사를 함으로써 국제기구 정보원에 대한 자료를 제공할 뿐만 아니라 그러한 정보원을 제공하는 각 국제기구에 대한 이용자들의 이해를 돕고자 하였다. 각 국제기구의 소재지, 설립연혁, 설립목적, 국제기구의 회원, 주요 사업, 한국과의 관계 등에 관한 정보를 조사하였으며, 주요 사업이나 국제기구 회원에 대한 정보는 국제기구 사이트나 관련 문헌에서 정보를 찾을 수 없는 경우 생략하였다.

셋째, 선정된 각 국제기구가 제공하고 있는 정보서비스 및 그 특징에 대해서 구체적으로 조사하였다.

■ 각 국제기구의 정보배포정책에 대해 조사함으로써 향후 국내

특정 기관이 인권관련 국제기구 정보원을 수집하고자 할 경우 본 저서를 통해서 그 정보배포정책에 대한 정보를 얻을 수 있도록 하였다. 즉 각 국제기구별 온·오프라인 정보배포 정책을 조사하였다.

- 각 국제기구가 보유하고 있는 데이터베이스에 대해 조사하였다. 각 국제기구는 기구에 따라 약간의 차이가 있으나 각 기관이 소장하고 있는 데이터를 데이터베이스로 구축하여 서비스하고 있는 경우가 있으며, 본 저서에서는 이러한 각 국제기구가 제공하고 있는 데이터베이스 및 각 데이터베이스의 서비스 방법에 대해서 조사하였다.
- 각 국제기구가 보유하고 있는 다양한 종류의 간행물에 대해서도 조사하였다. 대부분의 국제기구는 각 국제기구의 활동을 관련 국가 또는 관련 분야 사람들에게 알리고자 하는 목적에서 정보자료를 생산하여 제공한다. 따라서 국제기구의 활동 결과는 회의보고서, 보고서, 단행본, 뉴스레터, 연속간행물 등 매우 다양한 정보자료 형태로 생산된다. 본 저서에서는 이러한 다양한 종류의 정보원이 관련 분야 전문가 및 이용자에게는 매우 유익한 지식정보원이 될 수 있기 때문에 모두 조사하였다.

본 저서는 2006년에 출판된 『국제기구 지식정보원의 이해와 활용』에서 출발한다. 즉 세계적으로 국제기구는 2만여 개가 넘는 것으로 알려지고 있으나 지면상의 한계로 위 책에는 비교적 규모가 큰 국제기구만을 선별하여 주제구분 없이 수록하고 있다. 그러나 각 주제 분야별로 수많은 국제기구가 있고, 각 기구에서는 관련분야 연구자 및 행정가에게 매우 유용할 것으로 판단되는 지식정보원이 계속적으로 발간되고 있으나, 그러한 유용한 정보원이 국내에 전혀 소개되거나 유통되지 않고 있는 국내 정보유통현황을 볼 때 많은 아쉬움이 있었다. 이에 국제기구 지식정보원의 국내 유통에 조금이나마 도움이 되고자 주제 분야별 지식정보원 시리즈 발간을 결심하게 되었다.

그 결과 '국제기구 지식정보원 시리즈', 제1권으로 『해사(海事) 관련 국제기구 지식정보원』을, 제2권으로 『경제관련 국제기구 지식정보원』을, 제3권으로 『환경관련 국제기구 지식정보원』을 출판하였고, 이번에는 제4권으로 『인권관련 국제기구 지식정보원』을 출판하게 된 것이다. 앞으로도 문화, 스포츠, 의료, 법률 등 다양한 주제 분야의 국제기구 지식정보원을 시리즈로 발간함으로써 국제기구 지식정보원의 국내 유통을 활성화하는 데 기여하고자 한다.

끝으로 이 책을 출판하기까지 정보자료 수집 및 교정과 색인 작성 등 정성과 노고를 아끼지 않은 Manchester University의 임소진 연구원과 건국대학교 송영림 연구원에게 깊은 감사를 드린다.

2009년 1월

홍현진 · 노영희

일러두기

1. 발간 목적

이 자료의 발간 목적은 세계적으로 유명한 인권관련 국제기구에서 생산되는 정보자료를 국내 정보망을 통해 공식적으로 유통시키기 위함이며, 이를 위해 각 국제기구에서 생산되는 데이터베이스, 연속간행물 및 단행본에 대한 정보를 수록하고 있다.

2. 자료 수집

인권관련 국제기구 및 단체에서 발행한 안내서, 홈페이지, 연감 및 각종 보고서에 실린 자료들을 기초로 국제기구에 대한 간략한 정보와 각 기관에서 생산되는 자료에 대한 정보를 수집하였다. 추가적으로 보완이 필요한 경우 전화나 이메일을 이용하여 보다 구체적이고 정확한 정보를 수집하고자 하였다.

3. 기구 선정

현재 세계적으로 인권관련 국제기구 및 단체는 3천여 개가 넘는 것으로 나타나고 있으며, 본 저서에는 비교적 규모가 크고 정보생산량이 많은 기구를 중심으로 선정하였으며, 총 35개의 기관을 선정하여 수록하였다.

4. 수록 내용

본 저서는 인권관련 국제기구에서 생산되는 지식정보원을 주로 소개하는 자료이지만, 각 국제기구에 대한 일반적인 내용도 포함하고 있다. 즉 국제기구의 소재지, 설립연혁, 설립목적 및 기능, 회원국, 한국과의 관계 등에 대한 정보를 포함하였다. 또한 정보자료에 대한 내용을 주로 수록하고 있는데, 각 국제기구의 정보배포정책, 정보원의 주제 분야, 정보원의 종류, 서비스의 특징, 소장하고 있는 데이터베이스, 산하 도서관의 유무, 그리고 정보획득방법에 관한 정보까지도 최대한 자세하게 수록하고자 하였다.

5. 약어표 및 색인

본 저서에는 독자의 이해를 돕기 위해 약어표를 첨부하였으며, 본서에 실린 인권관련 국제기구에 대한 약어표뿐만 아니라 기존에 출판된 시리즈의 약어표까지 수록함으로써 검색의 확장을 돕고자 하였다. 또한 본 자료에 실린 국제기구를 보다 신속하게 접근할 수 있도록 국제기구명 국문·영문색인을 수록하였다.

목 차

I. 인권 및 국제인권기구의 이해

1. 인권의 개요

1.1 인권의 정의

인권(人權, human rights)은 인간의 보편적인 권리 또는 지위를 긍정하는 개념이다. 이는 법의 관할 지역(jurisdiction)이나 기타 지역적인 변수, 즉 민족 또는 국적 등과 상관없이 적용되는 것으로 정의된다(위키백과). 즉 인간으로서 태어난 이상 당연히 갖는 권리라는 것이다.

이봉철(2003)은 인권은 모든 사람들이 인간다운 삶을 위하여 인간인 이상 누구나 갖는다고 추정되는 권리라고 정의하고, 이 정의가 많은 내용을 함축하고 있음을 설명하고 있다. 즉 인권은 인류 사회 구성원 모두가 인권의 주체가 된다는 점, 인권의 발생 근원은 인간 자체에 있다는 점, 인간의 삶 모든 영역이 인권의 대상이 된다는 점, 인간의 삶이 특정 사회 및 사회관계 속에서 이루어지기 때문에 인권은 그 발생과 실현을 위해서 특정 사회와 사회관계가 전제되어야 한다는 점이다.

1.2 인권의 특성

1) 보편성

인권은 어떠한 상황에서도 누구에게나 차별 없이 평등하게 보장되어야 한다는 것이다. 모든 특권에 대한 도전으로부터 성장해 온

인권은 인종, 성, 종교, 장애, 피부색, 사회적 출신, 정치적 의견 또는 사상, 재산 등에 따른 어떠한 차별도 없이 누구나 보편적으로 향유해야 할 권리이다.

2) 기본적·필수적

인권은 필수적이지 않은 권리나 혹은 자격과는 구별되는 '기본적인 권리'를 의미한다. 인간이 존엄성을 유지하기 위해서는 인권을 필수적으로 요청하며, 인권을 보장받지 못할 때 인간은 그 자신의 존엄성을 유지할 수 없기 때문이다. 따라서 인권은 있어도 그만, 없어도 그만인 것이 아니라 누구에게나 당연히 보장되어야 할 최소한의 권리이다. 무엇이 인간의 존엄성을 위해 필수적인 권리인가는 물론 역사적으로 재구성되는 것이다. 여기서 우리는 인간의 존엄한 삶을 위한 기본적이고 필수적인 권리와 특정한 이해에 기반을 둔 필수적이지 않은 권리를 끊임없이 구별해 내며 기본적 인권을 옹호할 필요가 있다.

3) 국가권력의 정당성을 판단하는 기준

국가의 권력은 국민으로부터 나온다는 '국민주권' 원리의 필연적 귀결로서 국민은 국가에 대해 인권의 보장을 요구할 당연한 권리를 갖고 있다. 따라서 인권은 국가권력의 정당성을 판단하는 기준이 됨과 동시에 국가권력의 자의적 남용을 견제하고 권력행사의 한계를 규정짓는 중요한 잣대가 된다. 이런 의미에서 인권은 기본적으로 초(超)실정법적인 권리다.

4) 상호 의존성

인권의 주체인 인간은 추상적인 개인으로서 독자적으로 존재하는 것이 아니라, 일정한 사회적 관계와 공동체적 삶의 공간 속에서 살아가는 구체적인 개인이다. 따라서 특정한 개인이나 공동체의 인권은 다른 사람이나 공동체의 인권을 보장하는 데 필요한 만큼 일정한 제한을 받을 수밖에 없다.

5) 상호 불가분성

인권은 자유와 평등을 핵심적 가치로 추구한다. 즉 이것은 '공포나 억압'으로부터의 자유를 의미하는 자유권과 빈곤에서 벗어나 일정한 수준에서의 생존을 의미하는 사회권으로 구체화된다. 이 자유권과 사회권은 상호 불가분의 관계에 있다. 자유 없는 평등도 평등 없는 자유도 인간의 존엄을 가져올 수 없다.

1.3 인권의 내용과 범위

인권의 내용은 인권을 어떻게 구분하느냐에 따라 다양해질 수 있고, 현재적 삶 속에서 보호되어야 할 인권의 내용이 새롭게 형성되기도 하고, 변화·발전해 가기도 하는 것이 현실이다. 이에 세계 '모든 국민들과 모든 국가들이 성취해야 할 공통의' 인권기준을 천명함으로써 현행 인권관행의 준거가 되고 있는 「세계인권선언」에 인권의 내용이 8가지로 제시되어 있다. 「세계인권선언」의 내용은 1966년에 결의되고 1976년에 발효된 두 국제규약인 경제적·사회적·문화적 권리에 관한 국제규약(일명 국제사회규약)과 시민적 및 정치적 권리에 관한 국제규약(일명 국제자유권규약)으로 나뉘어 국제적 인권규약으로 발전한다. 「세계인권선언」에 나타나 있는 인권의 내용을 중심 주제로 분류하여 정리하면 다음과 같다.

1) 신체보존권

이 권리는 인류 각 개인의 신체적·정신적 안전을 보장하기 위한 것으로, 생명권, 부당한 차별로부터 보호받을 권리, 노예제도 및 매매금지, 법적 인격체로서의 인정, 고문으로부터 보호받을 권리, 국적 보호 및 국적 변경에 대한 권리(「세계인권선언」 제1-6조 및 제15조) 등이 이에 포함된다.

2) 법집행에 대한 권리

이 권리는 정당한 법절차와 법심리에 대한 권리로서 법 앞의 평등권, 인신보호권, 자의적 체포와 구금으로부터 보호받을 권리, 유죄판결 전까지 무죄로 추정 받을 권리, 법률 소급 적용으로부터 보호받을 권리(「세계인권선언」 제8-11조) 등이 포함된다.

3) 시민적 자유권

이에 속하는 권리는 삶의 특정 부문(사적·공적)을 국가나 타인의 간섭으로부터 보호하기 위한 것으로 의견(사상)의 자유, 양심의 자유, 언론의 자유, 출판의 자유, 집회의 자유, 결사의 자유 등에 대한 권리(「세계인권선언」 제18-20조)가 포함된다.

4) 정치적 권리

이에 속하는 권리는 정치사회 구성원들의 국가 업무에 대한 참여와 국가업무에 대한 통제를 보장하기 위한 것으로 시민적 자유권에 속하는 언론의 자유, 결사 및 집회의 자유에 대한 권리(「세계인권선언」 제19－20조)와 여러 정치적 결정과 업무에 직·간접적으로 참여할 권리(「세계인권선언」 제21조)가 포함된다.

5) 최소 필요충족권

이에 속하는 권리는 생존을 위해 요구되는 최소한의 물질적 조건을 충족시키기 위한 것으로 기본적 의식주에 대한 권리와 건강보호에 대한 권리(「세계인권선언」 제25조)가 포함된다.

6) 경제적 권리

이 권리는 본원적 생명활동의 하나인 노동행위에 대한 자유와 공정한 노동조건 및 보수를 보장하고 최소한의 생활수준을 사회적으로 보장하기 위한 것으로 노동에 대한 권리, 여가와 휴식에 대한 권리, 사회보장권 등(「세계인권선언」 제22－24조)이 포함된다.

7) 사회적 권리

이 권리는 사회적 삶 속에 노출되는 사회구성원들의 가정 및 사생활에 대한 보호, 가정을 형성할 자유에 대한 보호, 부당한 차별로부터의 보호, 자아발전의 보장 등을 위한 것으로 동등한 대우에 대한 권리, 사생활보호권, 가족형성권, 교육을 받을 권리 등(「세계인권선언」 제2, 12, 16, 26조)이 포함된다.

8) 문화적 권리

이 권리는 사회구성원들의 정신적 자아실현과 문화생활을 보호하기 위한 것으로 각종 문화공동체에 참여할 권리와 문화활동과 그 결과를 보호받을 권리(「세계인권선언」 제27조)가 이에 속한다.

1.4 인권의 영역

세계인권선언에 나타나 있는 인권의 내용은 다시 삶의 영역에 따라서 크게 개인생활을 중심으로 하는 사적 영역, 정치사회적 생활을 중심으로 하는 공적 영역, 그리고 인권의 국제화 추세에 따라 급속한 진전을 보이고 있는 국제 영역으로 나누어 볼 수 있다(이봉철 2003).

1) 사적 영역

이 영역은 개인의 사적 생활에서 보장되어야 할 권리의 영역으로서 신체보존에 대한 권리와 인간 존엄성을 보장받을 권리, 양심에 따라 행동할 권리 및 자유롭게 자신을 표현할 권리 등이 이에 속한다.

신체보존에 대한 권리란 삶의 필수 전제조건이 되는 생명, 신체, 정신의 정상적인 상태를 보존할 권리를 말하는 것으로 살인, 기아, 상해, 불구, 공포, 약물에 의한 정신마비, 인권(오염)에 의한 중독 및 질환 등은 이를 침해하는 것이 된다. 만일 공포나 억압으로 상대방의 의기와 지혜를 위축시키고 잘못된 미신 등을 통하여 정신적 혹은 신체적 정상 상태의 유지를 의도적으로 방해했을 경우에도 이를 침해하는 것이 된다. 따라서 신체보존권의 침해는 근본적이고도 보편적인 위해(危害)행위를 구성하며 형사적 범죄행위에 속한다.

인간의 존엄성을 보장받을 권리는 사람들의 개인적 생활에서 인간으로서 동등하게 인정받고 대우받기 위해 필요한 권리로 자존감과 자기 성취욕을 존중받을 권리와 교육받을 권리, 자신의 삶에 영향을 미칠 수 있는 정보에 대하여 알 권리, 그리고 성별, 인종, 종교, 국적 등의 차별로 인한 불평등한 취급을 받지 않을 권리 등이 포함된다.

양심에 따라 행동할 권리와 자유로운 자기표현의 권리는 개인들의 정상적인 사회생활을 보장하기 위해 전제되어야 할 권리로서 자유로운 의사소통이나 욕망표현에 대한 권리와 언론, 출판, 집회, 결사에 대한 자유권이 이에 포함된다. 또한 개인이 상황과 여건에 따라 자신의 행위를 자유롭게 선택하고 결정하여 이를 실행할 수 있는 권리 역시 이에 포함된다.

2) 공적 영역

이 영역은 사람들이 현실적으로 특정 정치사회를 구성하여 살 수밖에 없다는 현실적 제약 때문에 존재하는 인권의 영역이다. 이들은 이들이 살고 있는 특정 정치사회의 제반 규율과 제도(제반 법률과 국가의 조직 및 구성을 포함하여)에 근거해서, 그리고 이들에 대하여 특정 권리보호와 구제를 요청할 수 있다. 이러한 권리는 사회의 제반 규율과 정치 및 법적 제도가 궁극적으로 사회구성원들이 인간다운 삶을 영위하기 위해 가져야 할 권리를 공적으로 보장하고 신장시키기 위한 것이기 때문에 정치사회적 권리라고도 할 수 있으며, 생명활동 자유권과 최소 필요충족권의 사회적 확산으로 '시민적·정치적 자유권'과 '사회생활권'으로 나타난다.

시민적·정치적 자유권은 제반 정치적 결정이 사회구성원 개개인의 삶의 여건에 지대한 영향을 미치기 때문에 마땅히 이에 적극 참여할 수 있는 자유가 보장되어야 한다. 또한 국가의 불필요한 간섭이나 제약으로부터 자유로워야 하고, 국가에게 적극적인 행사에 대한 보호를 요구할 수 있어야 하며, 행사 결과는 정치의 원칙 및 구성 형태에 대한 결정으로 표출된다. 이 자유권은 선택적 자유권과 필수적 자유권으로 나뉘며, 선택적 자유권은 자율적 정치사회단체들과 연관된 것으로 이에 자유롭게 가입, 탈퇴할 수 있는 권리는 물론 일단 가입하여 이들 단체의 조직·구성·규율·의사결정에 대해 자유롭게 동의 및 반대할 수 있는 권리와 의사를 표명할 수 있는 권리 등도 포함된다. 필수적 자유권이란 이민을 가지 않는 한 가입, 탈퇴가 불가능한 국가사회에 관한 것으로 국가 및 정부의 조직·구성, 의사결정 및 이에 관한 절차, 법률 등에 대해 자유롭게 동의 및 반대할 수 있는 권리, 자유롭게 정치에 참여하고 행동할 수 있는 권리, 정치적 언론·출판·결사에 대한 자유권 등이 이에 포함된다.

사회생활권은 사회기본권과 사회보장권으로 나뉘고 사회기본권은 앞의 신체보존권을 사회적 규율 및 제도가 사회구성원 간에 평등하게 존중될 것을 요구하는 권리이다. 여기에는 법 앞의 평등권,

공정한 법심리 요구권, 인도적 처벌요구권을 포함하는 사회적 인
정권(즉 하나의 사회 구성원으로 평등하게 인정받고 대우받을 권
리)과 직업선택권, 노동권, 제반 경제행위권을 포함하는 경제권이
속한다. 사회보장권은 개인영역의 인간 존엄성 유지에 기본적으로
필요한 욕구충족을 보장받을 권리가 사회적 규율과 정치 및 법적
제도를 통해서 사회구성원 간의 복지 격차를 줄이는 방향에서 정
의롭게 이루어질 것을 요구하는 권리이다. 이는 사회는 일종의 협
업체라는 가정과 이러한 사회적 협업을 통해 산출되는 총사회복지
는 구성원들의 능력과 기여도에 따라 배분하되 최소수혜자의 복지
를 증진시키는 방향으로 이루어져야 한다는 도덕적 요구를 반영한
것이다.

3) 국제 영역

국제적 차원에서 인권을 보호하기 위한 장치들은 대개 국제적
인권선언이나 국제인권규약의 형태로 나타나며, 「국제권리장전」에
속하는 규정들을 포함하여 대체로 「UN헌장」(제55조, 제56조), 「국
제사법재판소 법규정」(제38조), 「유럽안보와 협력에 관한 헬싱키
조약」을 비롯한 미주 지역, 아프리카 지역, 아랍 지역 등 각 지역
별 인권협약, 그리고 「국제노동기구 ILO의 노동과 복지수준에 관
한 국제협력」, 최근의 「빈 인권선언」 및 「아시아 인권헌장」 등에
나타나 있다. 이들 속에 포함된 인권보호에 대한 실행조처는 대부
분 세계 각 국가에 대한 도덕적·법적 권고로 나타나는데, 공통적
인 내용은 각 나라의 헌법 및 법률 체계 속에 그 나라 국민과 사
회구성원의 인권을 보장하는 규정을 두고 국가가 이를 준수하라는

것이다. 즉 여기에 나타난 인권의 내용은 대개 생성적 기본권을 중심으로 사적 영역과 공적 영역으로 확대된 인권내용 정도이다.

1.5 인권의 역사

1) 전사(前史)

가) '마그나카르타'

권력으로부터 국민의 권리를 보장한 최초의 제도는 영국에서 출현하였는데, 이것이 바로 1215년의 '대헌장(Magna Carta Liberatatum)'이다. 대헌장은 성문법에 의해 왕권을 규제한 최초의 문서라는 점에서 의의를 가진다. 모두 63조로 된 '대헌장'의 주요 특징은 다음과 같다.

① 봉신에 대한 불가침영역의 보장
② 봉신의 권리를 침해하는 경우 일정하고도 적정한 구제절차 보장
③ '대표 없이 과세 없다'는 원칙 승인
④ 법에 의한 왕권의 규제

대헌장 이후, 수없이 배신과 투쟁에 의한 회복을 거듭하면서 절대적이고 신성불가침의 권리였던 왕권을 견제하기 위한 입헌주의적 전통이 수립되어 갔다. 그러나 모든 인간의 보편적이고 침해할 수 없는 권리와 자유를 보장한 것은 아니었다.

나) 15, 16, 17세기 경제발전과 '인권'의 탄생

인간의 인간에 대한 예속을 전제로 하는 신분제도하의 여러 관

념은 '인권'과 도저히 조화될 수 없는 것이다. 근대 이전의 '자유'는 보편적 인권이 아니라 신분적 특권이었다. 인권이 사회의 일반원칙으로서 등장하고 하나의 요구 및 현실로서 인식되기 위해서는 기존의 봉건제적 소유관계에 변동이 일어나야 했다. 즉 재산의 획득과 소유에 관한 모든 사람의 권리는 원칙적으로 평등하다는 인식이 반드시 일반화되어야 했다. 15-6세기 특유의 경제발전(시민계급에 의한 자본의 축적)과 그에 따르는 정치상황의 변화 속에서 봉건적 특권계급의 압박과 착취에 시달려온 시민계급은 '자유'를 주장하고 '법 앞의 평등'을 주장하기 시작했다. 시민혁명의 시작이었으며 인간해방의 새로운 단계의 도래였다.

다) '초기독점'과 '영업의 자유'(시민혁명의 프로세스)

17세기는 영국 헌정사상 획기적인 시기였다. 그것은 봉건제적 생산양식이 자본제적 생산양식으로 이행하던 시기였으며, 절대왕조가 무너지고 근대 의회정치가 확립되어 가는 과정에 해당한다. 이 세기에 '권리청원'(1628), '인신보호법'(1679), '권리장전'(1689), '왕위계승법'(1701) 등이 속속 출현했다.

중세 말 이후 상업 발달로 인한 전기적 자본의 집중은 영국(엘리자베스), 프랑스(꼬르베르), 독일(프리드리히대왕)에서 절대왕제와 유착한 '초기독점'이라는 경제사적 시대를 만들어 냈다. '초기독점'의 특징은, ① 중세적·길드적 독점의 국지성을 벗어나 국가적인 규모로 이루어진 점, ② 매점(買占)독점이자 소생산자들에 대한 상업자본의 지배라는 점, ③ 전기적 자본 본래의 활동분야인 원격지상업에 있어 전형적으로 형성된 점(소금, 유리, 비누, 화약, 종이, 무기, 구리, 놋 등등), ④ 주인공은 산업자본가가 아닌 특권적 정상(政商) 혹은 총신(寵臣)들이었다는 점이다.

이런 비산업적 독점형태는 '근대적 산업의 자유＝경제적 자유주의'를 요구하는 신흥사업자본의 저항에 의해 치명적 타격을 받게 된다. 자생적 산업자본의 성장이 국가적인 절대주의의 경제적 규제에 국가적인 단위로 항거하게 되는 것은 '역사적 필연'이었다. 즉 17세기 반독점운동은 단순히 '초기독점'에 반대하기 위한 것이 아니라 '초기독점'을 지탱하는 권력기반(절대왕조)에 대한 권력투쟁이었다. 이것은 국왕과 의회 사이의 항쟁이라는 현상으로 나타난다.

17세기 영국의 이와 같은 저항은 구체적으로는 '신민의 자유에 반하는' 혹은 '영업의 자유에 반하는'이라는 용어로써 독점을 비판하는 형태로 나타났다. 이것은 마치 현대를 사는 우리가 '위헌' 혹은 '인권침해'라고 외치는 것과 같은 수준의 주장이었던 것이다.

그리하여 '초기독점'은 '명예혁명'을 계기로 하여 최종적으로 해체되었으며 '영업의 자유＝경제적 자유'가 지구상에 성립하게 된다. 이와 같이 영국 시민혁명기의 '인권' 성립은 국가권력과 그 지배를 받는 인민과의 대항관계 속에서 태어났다. '자연권' 사상이나 '사회계약설'이 '영업의 자유'를 외치는 신흥산업자본가들에게 더없이 강력한 이데올로기로 작용한 것은 말할 나위 없다.

2) 제1세대의 인권(자유권)

가) 자유권 중심의 인권개념

근대 시민혁명 직후에 확립된 인권으로서 공통된 성격은 국가의 부작위(不作爲)를 요구하는 무형적인 권리라는 점이다. 애초에 신체의 자유, 정신활동의 자유 등의 조항은 있었으나 그 시대에 가장 강조된 것은 경제활동의 자유, 즉 재산권, 노동의 자유, 계약의 자유, 영업의 자유, 거주·이전의 자유 등이었다. '평등'의 개념은 있었으나 이것은 사회·경제적인 불평등을 적극적으로 시정하려는 것이 아니라 '평등하게 자유를 누린다'는 의미였다.

나) 자유권적 인권의 탄생 – 자본주의 발전의 동력

근대 시민혁명의 슬로건이 '자유', '평등', '박애'였음은 널리 알려져 있다. 개인은 정치적으로도, 경제적으로도 자유롭고 평등하다. 이것이 근대 시민사회의 전제였으며, 이런 전제는 개개인이 상품을 교환하는 평등한 주체라는 자본주의 경제체제의 대전제와 조응하는 것이다. 중세 이전 사회구성체의 여러 이해관계를 표시하는 '계급'이라는 개념은 '신분'이라는 개념과 결합되고 있다. 그러나 근대사회에서는 형식적으로 '법 앞에 평등'인 자각적·주체적 인간을 전제로 하여 그 형식을 통합함으로써 비로소 계급적 이해가 관철된다. 이리하여 인류는 역사상 처음으로 보편적('모든 사람') 인권을 선언할 수가 있었던 것이다.

다) 배신당한 '자유·평등'의 꿈

봉건체제의 구조적 위기 속에서 시민혁명이 이루어낸 '자유', '평등'의 이념은 분명 인간의 생존을 위한 절박한 외침에서 나온 것이었다. 그러나 혁명을 주도했던 시민계급의 주된 관심사가 자본주의 확립과 발전에 필요한 소유권과 경제활동의 보장에 있었다는 것도 엄연한 사실이다. 이런 까닭에 산업자본의 지배가 확립되는 과정에서 '평등'의 내용이 형식화('법 앞의 평등')됨과 동시에

‘자유’의 내용은 변질된다. 즉 사상·표현·신체 등 정치적 ‘자유’는 하위규범에 의하여 엄하게 제약되고 경제활동 및 재산의 ‘자유’는 한결같이 확대되기에 이르렀다(자본주의적 ‘합리성’).

근대 시민혁명은 자본주의의 전개를 확보하는 사회혁명이었으며, 근대 시민헌법은 그를 위한 수단이었다. 그것은 분명 인간해방의 새로운 단계였지만 ‘착취사회 내부에서의 진보일 뿐’(Karl Marx)이었으며, 보기에 따라서는 신체적으로나 정신적으로 풍부한 속성을 가진 ‘인간’이 해방된 것이 아니라 ‘노동력(상품) 소유자로서의 인간’만이 해방된 것이다.

라) ‘보편적 인권’의 꿈

봉건적 특권이 특정한 신분을 전제로 했던 것과는 달리, 시민혁명의 과정에서 생겨난 ‘인권’의 두드러진 구조적 특징은 그 형식의 고매한 추상성·보편성이다. 즉 ‘누구나…’ 혹은 ‘모든 사람은…’ 등, 이것은 권리 주체의 초(超)계급적 표현에 무엇보다 잘 드러나 있다. 그러나 이런 보편적 표현형식은 실질적으로 계급을 넘어서 누구에게나 똑같이 적용되는 ‘보편적 인권’을 보장하기는커녕 오히려 시민사회 내부의 경제적 약육강식과 인간소외를 은폐하는 기능을 하면서 인권을 자본의 논리에 따라 형해화시켜 왔던 것이다.

마) 현대 ‘인권’ 개념의 뿌리

이렇게 왜소해진 ‘인권’은 서유럽 사회에서 제도로 정착되어 갔고 약간의 변형(프로그램규정으로서의 약간의 사회권 조항 추가)을 겪은 후 기본적으로 1948년 ‘세계인권선언’으로 이어졌다. 사람들이 흔히 '인권'으로 알고 있는 것은 바로 이와 같은 인권체계인 것이다. 이런 '인권' 개념에는 첫째로, "'인권'의 길을 가는 것은 바로 자본주의의 길을 가는 것이다."라는 인식과 둘째로, "자유와 평등이란 어차피 현실의 것이 아니며, 인류사회의 '강령'에 지나지 않는다."라는 체념, 그리고 셋째로, "'자유권'이 진짜 인권이다."라는 관념이 내포되어 있는 것처럼 보인다.

3) 제2세대의 인권(사회권)

가) 사회권의 정의

이 권리의 특징적인 것은 분배정의가 실현되기 위하여 국가에 작위(作爲)를 요구한다는 점이다. 유형의 가치에 대한 요구이기 때문에 자원의 배분에 국가가 나서야 한다는 것이다.

나) 사회권의 탄생

근대적 인권 이념의 기초를 이룬 '예정조화(豫定調和)'적인 발상은 자본주의의 전개와 더불어 가진 자에게는 더욱 유리하게, 가난한 자에게는 더욱 불리하게 작용하여 몸서리쳐지는 사회문제를 야기하게 되었다. 저임금·장시간 노동이라는 비인간적 노동조건, 실업과 저임금으로 인한 빈곤, 아동노동·빈곤·질병·열악한 노동조건에 따른 평균수명의 저하, 문맹(文盲), 범죄의 증가 등이 바로 그것이다.

물론 이 인간소외의 현실에 대하여 실질적인 생존권을 확립하려는 격렬한 투쟁은 있었고 이것을 체제화시킬 필요가 있었다. 그러나 사회적 약자를 보호하는 '사회권'이라는 권리체계가 탄생한 중요한 원인은 무원칙한 노동착취에서 오는 노동력의 피폐현상을 피함으로써 자본의 재생산 과정을 효율적으로 유지하기 위한 것이었다. 사회권의 보장 그 자체는 반(反)자본주의적이 아님은 물론, 현대에 있어서 안정된 최대이윤을 위하여 불가결의 조건인 것이다.

사회권은 현실 사회에 있어서 구체적인 경제적·사회적 약자를 권리 주체로 하고 있다. 이들 권리는 근본적으로 사회적인 평등을 요구하는 것이며, 19세기 초 프랑스의 생시몽주의자들에 의해 시작된 후 혁명투쟁과 사회복지운동으로서 다양하게 추진되어 온 사회주의의 전통에 주로 그 근원을 가지고 있다. 또한 6월사건(1848년)과 파리 꼼뮨(1871년)을 통해 부르주아지와는 다른 자신의 계급적 이해(利害)를 자각해 간 노동자계급의 투쟁은 우리가 오늘날 사회권을 '인권'으로서 이해할 수 있게 되는 데 커다란 기여를 했다.

다) 사회권의 발전

1870년대 서유럽 사회에 보급되기 시작한 사회정책은 근본적으로 사회주의운동에 대항하기 위한 체제수호적 정책이었다. 즉 1870년대에 전 유럽을 휩쓴 불황, 그로 인한 대량 실업사태, 사회주의사상의 급속한 확산의 결과 한편으로는 가혹한 단속과 처벌, 다른 한편으로는 여러 가지 사회정책이 나오게 된 것이다. 사회주의운동 확산에 대한 대책으로서 후발 자본주의국가에서는 치안대책이 중심을 이루었으며 선진 자본주의국가들은 사회정책을 채택하기 시작했다. 후자의 경우가 현대 복지국가의 원형이 되는 것이다.

라) 바이마르 헌법

사회권은 두 갈래 방향으로 발전하게 된다. 1917년 러시아혁명과 1919년 독일 '바이마르 헌법'이 그것이다. 러시아혁명은 사회권의 사회주의적 대안이었으며, 자본주의국가에서 사회권적 기본권을 처음으로 헌법에 보장한 '바이마르 헌법'은 현대복지국가의 이념을 구체화했다. '바이마르 헌법'은 러시아혁명 후 독일 좌파가 11월혁명에 실패하자 사회민주당 우파와 여러 부르주아 정당의 연합에 의하여 마련된 것이다. 이 헌법의 가장 큰 특징인 '생존권'은 다음과 같다(제5장 [경제생활] 제151조).

"경제생활의 질서는 모든 사람에게 인간의 이름에 값하는 생활을 보장할 목적을 갖는 정의의 원칙에 적합해야 한다. 이 범위 내에서 개인의 경제적 자유는 확보되어야 한다."

이 헌법은 노동자의 단결권을 인정하되 쟁의권은 인정하지 않고 있다. 오히려 노동의 윤리적 의무를 강조함으로써 쟁의를 간접적으로 비난하고 있다.

마) 사회권, 그 기망과 희망

이 새로운 권리는 19세기부터 큰 힘을 떨쳤던 사회주의운동에 대한 대항책으로서 자본주의국가 내에서 서서히 확산되어 갔지만 그것은 물론 완전한 인간의 '복권'을 가져오지는 않았다. 자본주의 국가에서 현대 복지국가의 이념은 구체화되었지만 소외된 민중들의 '생존권 찾기'가 충분히 실현되었다고 보기 어려운 것이, '바이마르헌법'의 생존권은 '권리'로서 승인된 것이 아니라 '프로그램 규정'으로서 해석되고 있었기 때문이다. 복지국가의 이상을 드높이 외치는 많은 현대국가에서도 여전히 인권 개념의 중심은 전통적인 자유권이며, 사회권(생존권) 실현을 위한 실효성 있는 수단을 갖지 못하고 있다. 그 인권체계란 결국 여전히 인간을 소외시키는 자본의 재생산구조를 지탱하고 있는 바로 그 인권체계라는 점에서 결정적인 한계를 안고 있는 것이다.

현대 복지사회는 기본적으로 사회주의국가들과의 냉전구조 속에서 발전한 사회이며, 그것은 미국의 압도적인 군사·경제적 패권하에서의 서방 나라들의 '평화의 처방전'이라는 성격을 갖는 것이었다. '경제성장에 의한 복지국가의 완성'을 목표로 하는 현대 복지국가의 '사회권'이라는 것은 상당히 기만적인 것일 수밖에 없다. 그것은 근본적으로 실질적인 평등권을 의미하지 않을 뿐 아니라 인간을 소외로부터 해방시키는 것도 아닐 것이다. 사회권의 보장으로써 우리는 서구 근대사회의 역사적 제약을 지니고 있는 인권체계를 '지양'할 수는 없을 것이다.

그럼에도 불구하고 이 인권체계를 '지양'할 역사적 전망이 쉽게 시야에 들어오지 않는 조건에서 인권운동으로서 사회권의 실질적 권리화를 위한 노력은 현시점의 최대의 과제라고 할 것이다. 그것은 전 세계적으로 맹위를 떨치는 '자유주의'의 횡포를 떠받치고 있는 '자유권' 중심의 전통적 인권개념에 도전할 수 있는 현실적이고도 거의 유일한 길이 될 것이기 때문이다. 사회권을 실효성 있는 인권으로 재창조하는 일, 이것은 21세기에 인권의 역사가 해결해야 할 가장 큰 숙제 중 하나다.

4) 새로운 도전, 제3세대 인권의 등장

2차세계대전 이후에는 또한 이전 시대의 인권의 개념이 서구사회를 지배하는 백인·남성·자본가계급의 관점에 근거하고 있다는 자각(自覺)이 성장하였는데, 이러한 자각의 주체들은 바로 직·간접적 식민지배하에 있던 제3세계 국가들과 여성, 유색인종, 소수민족 등이었다. 이들은 민족해방운동(자결권 확보운동), 흑인민권운동, 페미니즘운동 등의 사회운동을 통하여, 자신들의 정체성에 대한 사회적 승인과 보편적 권리의 보장을 실현해 나가고자 하였다. 이들의 정치적 요구에 대응하여 등장한 것이 이른바 집단권이라고 불리는 제3세대 인권이다.

제3세대 인권은 여성에 대한 성적 차별과 인종 차별, 신생독립국가를 위주로 구성된 제3세계와 중심부 국가들 간의 빈부격차(남북문제), 국제무기경쟁과 핵전쟁의 위협, 그리고 생태위기 등의 국제문제에 대한 각성으로부터 나온 인권의 새로운 목록이다. 이 새로운 권리들은 1, 2세대 인권과는 달리 국가와 개인의 관계 속에서 파생되는 권리가 아니라 집단적 권리 혹은 연대의 권리라는 점에서도 이전 세대의 인권과 구분된다. 제3세대 인권은 아직까지 체계적인 인권의 한 분야로서 자리를 잡지 못한 상황이지만, 국제정치와 경제, 문화적 변화의 과정 속에서 지속적으로 제기되고 논쟁을 통해 확립되어 가고 있다.

인권의 역사는 '끝없는 여로'이다. 그것은 첫째로 과거에 당연지사로 인식되어 온 일들의 정당성에 회의가 일고 그것을 부정하는 가운데 새로운 권리의식이 발생하는 까닭이요, 둘째로 사회가 복잡해짐에 따라 인간의 자유나 생존에 관한 새로운 문제의식이 발생하는 까닭이다. 앞에서 언급했던 권리 외에 장애인의 권리, 프라이버시의 권리, 알 권리, 아동의 권리, 동성애자의 권리 등등 많은 권리가 2차대전 이후에 크게 부각되었다.

2. 국가인권기구

2.1 국가인권기구 설립의 국제적 배경

국가인권기구의 선구라고 할 수 있는 옴부즈맨(Ombudsman) 제도는 19세기 초 스웨덴을 비롯한 스칸디나비아반도 국가들에서 출현하였다. 이 제도는 삼권분립 체제에 따라 형성된 기존의 국가권력으로부터 독립하여 국가권력의 남용을 감시하고 시정하는 기구의 필요성이 확산되면서 삼권분립 이론에 따른 국가 체제의 한계를 보완하는 방법론으로 채택되었다(국가인권위원회 2002).

실질적인 국가인권기구의 문제가 국제사회에서 처음으로 논의된 것은 1946년 UN 경제사회이사회(ECOSOC)에서였다. 당시 경제사회이사회는 UN 인권위원회(Commission of Human Rights)의 활동에 회원국 정부의 적극적인 동참을 유도하기 위하여 각국은 국가별로 정보집단(information groups) 또는 인권위원회(local human rights committees)의 설치를 검토하라고 요청하였다(국가인권위원회 2004). 1960년대와 1970년대에 주요 인권조약들이 속속 만들어지자 국제사회에서는 이의 이행을 위한 논의가 활발해졌다. 이러한 흐름 속에서 1978년 제네바에서 인권의 증진 및 보호를 위한 국가 및 지역기구 관련 세미나가 개최되어 '국가인권기구의 구조와 기능에 관한 지침'이 승인되었다. 1980년대에 들어 많은 국가에서 다양한 형태의 인권담당기구가 설립되었다.

1990년대 UN인권위원회는 인권의 증진과 보호를 담당하는 국가인권기구 및 지역인권기구들이 참여하는 워크숍의 개최를 권고하였다. 이에 따라 1991년 10월 제1차 인권의 증진 및 보호를 위한 국가인권기구들에 관한 국제적인 워크숍이 열렸다. 이 워크숍에서의 합의사항들은 UN인권위원회의 결의 1992/54에 의해 '국가인권기구의 지위에 관한 원칙(이른바 '파리원칙')'으로 승인되었으며, 이어서 1993년 12월 20일에 채택된 총회결의 48/134에 의해 재승인되었다. 파리원칙(Paris Principles)은 국가인권기구가 헌법이나 법률에 의해 명시적으로 인권의 증진과 보호를 위한 능력을 갖출 수 있어야 하고 가능한 한 광범위한 책무가 부여되어야 한다고 천명하고 있다. 파리원칙은 국가인권기구의 기본적인 요건들을 구체적으로 열거함으로써 국가인권기구 설립의 준거틀을 각 나라에 제시하고 있고, 한국의 '국가위원회법'도 기본적으로 여기에 제시된 기준을 따르고 있다.

파리원칙이 만들어진 이후에도 UN은 국가인권기구와 관련된 많은 국제회의를 개최하였다. 1993년 1월의 자카르타에서 열린 제2회 아시아·태평양지역 인권문제를 위한 UN워크숍에서는 아시아·태평양지역의 국가인권기구의 설치에 대하여 논의가 있었고, 같은 해 4월에는 시드니에서 국가인권기구의 대표자 모임이 열렸다.

1993년의 비엔나세계인권회의에서는 국가인권기구에 관한 회의가 인권회의와 병행하여 이루어졌다. 여기에서는 특히 국가인권기구의 목적, 대표성과 접근성을 비롯한 적절하고 효율적 기능을 위한 핵심 요건들, 기구 간 활동의 조정을 위한 메커니즘 등이 주요 안건으로 논의되었다. 또한 회원국 정부들에게 국가인권기구의 역할을 강화하도록 권고하였고, 정보와 경험의 교환, 지역인권기구들 및 유엔간의 협력, 국가인권기구들 간의 협력을 권고하였다.

국가인권기구는 형식상 각 나라별로 운영되는 국내법상의 기구이지만 그 모체는 국제인권법이며, 활동의 기본 방향과 내용을 국제인권규범에서 찾을 수 있는 이중적인 특성을 갖는 국가기구이다. 즉 현재 운영되고 있는 각 나라의 국가인권기구는 자국의 필요성에 의해서만 설립된 것이 아니라 국제사회의 인권보호시스템 구축 및 국제인권법 발전의 결과물이라 할 수 있다(유엔인권고등판무관실).

2.2 우리나라 국가인권위원회의 설립

우리나라에서 국가인권기구의 설치에 관한 논의는 1993년 6월 비엔나에서 열린 세계인권대회에 민간단체 공동대책위원회가 참가하면서 제기되었다. 민간단체들은 UN 인권위원회 결의와 파리원칙이 정한 바에 따라 인권보호와 향상에 관하여 연구·조사 및 교육·홍보 등의 기능을 담당하는 독립적인 국가인권기구를 설치하기 위한 법률 제정을 요구하였다. 이후 국내에서는 민간단체를 중심으로 국가인권기구 설치의 필요성이 꾸준히 제기되었다. 김대중 전 대통령은 1997년 대통령 선거공약으로 '국민인권위원회 설립'을 제시하였고, 당선 후 '인권법 제정 및 국민인권위원회 설립'을 국민의 정부 100대 국정과제에 포함시킴에 따라 국가인권기구에 대한 논의가 확산되기 시작했다.

법무부는 1998년 4월 '국민인권위원회설립준비단'을 발족시켰고, 같은 해 10월 인권법 제정 관련 공청회를 여는 등 정부 차원에서 인권기구 설립에 대한 노력이 가속화되었다. 그러나 국내 인권단체들은 인권기구가 법무부의 주도 하에 설립이 되면 기구의 독립성이 보장되기 어렵다고 판단하여 1998년 9월 '인권법 제정 및 국가인권기구 설치를 위한 민간단체 공동추진위원회'를 결성하였다.

인권법 제정을 둘러싼 인권단체와 법무부 간의 갈등은 상당 기간 계속되었다. 결국 격렬한 사회적 진통 끝에 2001년 4월 임시국회에서 입법·사법·행정부 어디에도 속하지 않는 독립된 국가기구의 설립을 규정한 '국가인권위원회법'이 통과되었고, 국가인권위원회는 2001년 11월 24일 정식으로 발족되었다.

국가인권위원회의 설립목적은 '국가인권위원회법' 제1조에 따르면, "이 법은 국가인권위원회를 설립하여 모든 개인이 가지는 불가침의 기본적 인권을 보호하고 그 수준을 향상시킴으로써 인간으로서의 존엄과 가치를 구현하고 민주적 기본질서 확립에 이바지함을 목적으로 한다."는 것이다.[1]

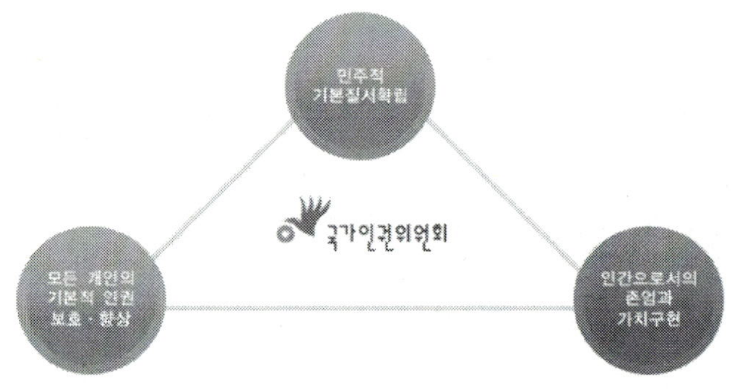

국가인권위원회 설립의 가장 큰 의의는 인권문제를 전담하는 독립적인 국가기관이 탄생하였다는 데 있다. 첫째, 국제인권규범의 국내적 실행, 즉 인권관련 '준국제기구'의 국내적 출범을 의미한다. '위원회법' 제2조는 인권을 '헌법 및 법률에서 보장하거나 대한민국이 가입·비준한 국제인권조약 및 국제관습법에서 인정하는

---

1) http://www.humanrights.go.kr/05_sub/body01.jsp

인간으로서의 존엄과 가치 및 자유와 권리'라고 정의하여 인권의 헌법적 보장과 세계적 추세를 반영하고 있다. 둘째, 기존 권력기관을 견제·감시할 수 있도록 입법·행정·사법부 어디에도 속하지 않는 독립적인 인권전담 국가기관이 탄생한 데 중요한 의의가 있다. 셋째, '인권 사각지대'를 조명하고 인권침해를 예방할 수 있는 '인권 감시자'의 역할을 수행하는 동시에 인권옹호자로서의 기능을 수행한다. 국가기관, 지방자치단체, 구금보호시설의 업무 수행과 관련하여 발생하는 인권침해사안을 조사하고 구제할 뿐 아니라, 기존에 사회적으로 보호가 취약한 집단인 장애인·아동·노약자 등 소수자들의 차별 및 인권침해 사건에 해결책을 제시한다. 마지막으로 이러한 기능을 통하여 위원회는 국민들의 인권의식을 대변하고 성숙시키는 기구로서의 역할을 담당한다.

3. 국제사회와 인권

3.1 국제인권법

국제인권법은 국제적으로 보호되는 개인 및 집단의 인권들이 국가권력으로부터 침해받지 아니하도록 보호하고(protection), 나아가 이러한 인권들의 보장을 증진(promotion)하는 것을 그 내용으로 한다(Buergental 1988). 이러한 국제인권법 내지 인권의 국제적 보장은 1945년 제2차대전 이후 국제법체계로 편입된 다음 그동안 발전을 거듭하여 왔으며, 1990년대 이후 탈냉전시대를 맞아 국제공법의 가장 중요한 과제로 부각되기에 이르렀다.

이와 같은 인권의 국제적 보장을 위한 인류의 노력은 크게 세 가지 방향으로 발전하여 왔다. 첫째, 1948년 유엔에 의해 비구속적 결의로서 성립한 세계인권선언을 종합적이고 법적 구속력을 가지는 협약 혹은 국제권리장전으로 변경하고자 하는 노력이었다. 이러한 노력은 1966년 2개의 국제인권규약(A, B규약)의 성립으로 그 결실을 보게 되었다. 둘째, 제노사이드, 인종차별, 여성, 아동, 난민, 소수민족 등과 같은 개별적 분야의 인권을 다루는 세계적 조약의 채택이다.[2] 그리고 1960년대 이후 제3세계의 출현으로 말미암아 국제사회와 유엔의 성격이 많은 변화를 겪으면서 인권문제 자체의 성격 변화와 아울러 국제인권법의 형성에도 많은 영향을 미치게 되었다. 국제인권기준과 국제제도의 마련을 위한 유엔의 노력은 종전의 시민적, 정치적 권리(제1세대 인권)뿐만 아니라, 경제적, 사회적, 문화적 권리(제2세대 인권) 및 자결권, 인종차별금지, 개발권 등과 같은 집단적 권리(제3세대 인권)에 관심을 집중하게 되었다.[3] 셋째, 지역적 인권보장제도의 성립이다. 1950년대 초 유럽인권규약이 발효하여 유럽인권제도가 가동하였고, 1970년대에 미주인권제도가, 1980년대 말경에 아프리카인권제도가 각각 실행되었다. 유럽인권제도와 미주인권제도는 주로 제1세대 인권에 중점을 두고 그 실시조치로써 사법제도 중심으로 운영하고 있는 반

---

2) 1948년의 제노사이드협약, 1952년의 여성의 정치적 권리에 관한 협약, 1965년의 모든 형태의 인종차별의 철폐에 관한 협약, 1967년의 난민의 지위에 관한 의정서, 1973년의 반아파르헤이드협약, 1979년의 여성차별철폐조약, 1984년의 고문방지협약 등이다.

3) 1966년의 경제적, 사회적 및 문화적 권리에 관한 국제인권규약(A규약), 1974년의 국가의 경제적 권리와 의무헌장(경제헌장), 1986년의 개발권에 관한 선언 등이다.

면에, 아프리카인권제도는 제2세대 및 제3세대 인권에 중심을 두고 사법제도보다는 준사법적 제도에 의지하고 있다.

3.2 세계인권선언

UN 결성 이후, 특히 1970년대부터 인권의 국제화는 필연적 추세가 되었다. 이런 추세의 출발점에 서 있는 것이 '세계인권선언'(Universal Declaration of Human Rights:1948)이다. 그 성립과정을 보면, 1946년에 UN이 발족하자 'UN헌장'에 언급된 '인권'의 내용을 구체적으로 정하기 위하여 막바로 인권위원회(Commission on Human Rights)가 설치되었다. 이는 'UN헌장' 68조에서 예정되어 있던 기관이다. 인권위원회는 자신의 임무를 다음의 세 단계로 나누어 진행시키기로 결정했다. 즉 ① 인권의 내용을 담는 법적 구속력이 없는 인권선언(International Declaration of HR), ② 구속력 있는 조약 형식을 취한 국제인권규약(International Covenants on HR), ③ 국제인권규약 이행을 담보하기 위한 실시조치(Measures of Implementation).

이 중 ①이 바로 '세계인권선언'으로서 1948년에 채택된 것이다. 그로부터 50년이 지난 현재도 ③단계는 진행 중인 작업이라고 볼 수 있다.

소련을 비롯한 당시 사회주의 6개국은 이 '세계인권선언'의 의의를 일정하게 평가하면서도 '불충분한 것'이라는 이유로 기권표를 던졌다. 그 이유는, ① 파시즘 반대를 명기하지 않았다. ② 민족자결권을 명기하지 않았다. ③ 사회보장에 대한 권리가 충분하지 않다. ④ 사적 소유권을 인권으로서 인정하고 있다.

'세계인권선언'은 전문(前文)과 본문 30개 조로 되어 있는데, 그 중 제21조까지는 시민적·정치적 성질의 자유, 즉 자유권적 기본권에 관한 규정이다. 그리고 경제적·사회적·문화적 성질의 자유, 즉 생존권적 기본권에 관해서도 상당한 배려가 되어 있으며, 사회보장에 대한 권리(22조), 노동권과 공정한 보수를 받을 권리 및 노동자의 단결권(23조) 등에 관해서도 상세한 규정이 마련되어 있다. 그 내용을 간단히 살펴보면, 1-2조는 다른 조문들의 기초를 이룬다. 3-21조는 시민적·정치적 권리, 22-27조는 경제적·사회적·문화적 권리를 규정하고 있으며, 28-30조는 모든 권리의 향유에 관한 일반규정으로 되어 있다. '선언' 전체의 구성을 보면 경제적·사회적·문화적 권리군(群)에 일정하게 배려를 하고 있다는 의미에서 긍정적 평가를 받기도 하나 시민적·정치적 권리에 압도적 비중을 둔 이 '선언'은 여전히 서유럽 자본주의국가형 인권체계를 그대로 채택하고 있다는 비판도 받고 있다.

'세계인권선언'의 의의로 '세계인권선언'은 어디까지나 '선언'에 머무는 것이며, 직접 '준수해야 할 법'은 아니다. 따라서 조약처럼 법적 구속력을 지니는 것은 아니지만 점차 국제 관습법의 일부를 차지하게 되었으며, 적어도 세계의 모든 나라의 정부들을 도의적으로 구속하고 있다. 즉 '세계인권선언'은 그 존재 자체로서 이후에 UN을 중심으로 전개되는 인류의 인권분야에서의 눈부신 발전을 견인해 왔다고 할 수 있다.

3.3 국제인권법원

국제인권법원은 국제적 인권 보장을 위한 국제행정법원(인권침해행위의 확인)과 국제민사법원(피해자구제)으로서의 성격을 가지는 국제법원을 말한다. 이러한 국제인권법원은 인권의 국제적 보장을 위하여 가장 실효성 있고 바람직한 제도로 인정되고 있다. 이 중 가장 바람직한 국제적 인권보장제도를 갖추고 있다고 평가받고 있는 것은 유럽인권제도이다. 유럽인권법원은 1959년 설립되어 1960년 'Lawless' 사건을 재판한 이래, 1994년 12월 31일 506건을 재판하였다(European Court of Human Rights 1995). 위 법원은 유럽심의회의 국가수에 해당하는 법관으로 구성한다. 위 법원은 유럽인권위원회 및 협약당사국이 제소한 유럽인권협약의 해석과 적용에 관한 모든 사건에 대해 관할권을 가지지만(쟁송적 관할권), 그 관할권을 선택적으로 수락한 국가만이 피고가 될 수 있다. 위 협약 제48조에 의하면, 유럽인권위원회, 자국민이 인권침해를 받았다고 주장하는 협약당사국, 인권위원회에 사건을 부탁했던 협약당사국 및 고발을 당한 협약당사국이 원고로서 위 법원에 제소할 수 있다. 그리고 위 협약은 인권위원회 및 협약당사국에 대해서만 제소권을 인정하였을 뿐이고 개인에게는 제소권을 전혀 인정하지 아니하였다. 그러나 1994년 10월 1일부터 제9의정서가 발효됨으로써 개인도 위 의정서를 선택적으로 수락한 협약당사국을 상대로 하여 위 법원에 제소할 수 있게 되었다. 위 법원은 위와 같은 쟁송적 관할권 이외에도 각료이사회가 부탁한 권고적 의견 요청에 관한 권고적 관할권을 아울러 가진다(제2의정서 제1항 제1호). 권고적 사건은 오로지 협약과 의정서의 해석에 관련되는 법률적 질문에 한정하며, 쟁송적 사건에 속하는 모든 문제는 권고적 의견의 대상이 될 수 없다.

3.4 인권관련 UN조직

UN Charter에 근거한 인권관련 조직으로는 UN 총회(GA)와 경제사회이사회(ECOSOC)를 들 수 있으며 ECOSOC는 인권문제에 관한 UN에서 가장 중요한 기능을 담당하는 기구이다. ECOSOC는 Commission on Human Rights와 Commission on the Status of Women의 두 개의 하부기구를 두고 있으며, 전자는 그 기능을 보조하는 하부기구로 차별방지 및 소수자보호소위원회(Sub-Commission on Prevention of Discrimination and Protection of Minorities)를 두고 있다. 이 외에도 UN의 인권기능을 실무적으로 보조하는 기능은 사무국(Secretariat) 소속인 인권고등판무관(Hight Commissioner for Human Rights)과 그 관할하에 있는 UN 인권센터(UN Center for Human Rights)가 담당하고 있다.

1) 총회(GA)

GA(General Assembly)는 UN의 주요 대의기구로 모든 회원국에게 평등하게 그 의결권이 보장된다. 총회의 인권기능이 갖는 Charter상의 근거는 Art.13인데 거기에는 총회가 경제, 사회, 문화, 교육 및 건강에 관한 국제협력을 증진하고 인종, 성, 언어 혹은 종교와 관계없이 모든 사람의 인권과 기본적 자유를 실현하는 데 도움이 되도록 연구를 촉진하고 'Recommendation(권고)'를 만들도록 되어 있다. 총회의 대부분의 인권관련 의제는 ECOSOC의 보고서에 근거하거나 전 회기에서 인권관련 문제를 고려하도록 한 결의에 의하여 정해지나 UN의 다른 주요 기구, 회원국 혹은 사무총장(Secretary－General)의 제안에 의해서 정해지기도 한다.

총회는 1948년 UDHR을 채택한 이래 수없이 많은 인권관련 선언과 조약을 만들어 냈다. 거기에는 집단살해, 인종차별, 난민, 여성의 권리, 노예금지, 결혼, 아동, 청소년, 외국인, 망명, 장애자, 고문, 발전 및 사회적 진보 등의 문제들이 열거되어 있다.

2) 경제사회이사회(ECOSOC)

ECOSOC(Economic and Social Council)의 의무는 인권과 기본적 자유를 증진시키기 위한 권고를 제안하는 것이며, 인권과 관련된 조약을 초안작업(drafting)하여 UN총회에 제출하거나 국제회의를 열 것을 제안하는 것으로 UN Charter, Art.62에 근거하고 있다. 또한 Art.68은 ECOSOC에게 인권보장을 위한 위원회를 두도록 함에 따라 Commission on Human Rights와 Commission on the Status of Women을 두었으며, Commission on Human Rights는 그 보조기구로서 차별방지 및 소수자보호소위원회(Sub－Commission on Prevention of Discrimination and Protection of Minorities)를 만들었다. Art.64는 ECOSOC에게 그것이 만든 인권관련 권고가 효과적으로 이행되는지를 알기 위해 UN회원국 및 전문기구를 조정할 수 있는 권한과 이를 UN 총회에 보고할 수 있는 권한을 주고 있다.

ECOSOC은 54개국의 위원들로 구성되어 있는데 보통 1년에 한

번의 절차토론을 위한 회기와 두 번의 정기회의를 하며, 임시특별 회기가 열리기도 한다. 인권문제는 ECOSOC의 전체회의(Plenary Meeting)에서 다루어지기도 하나 보통 ECOSOC의 제2위원회 혹은 사회적 위원회(Second(social) Committee)의 첫 번째 회기로 넘겨진다.

3) 여성지위위원회

여성지위위원회(Commission on the Status of Women)는 1946년 ECOSOC에 의해 설립되었으며, 주요 기능은 첫째, 정치, 문화, 경제, 교육 등의 분야에서 여성의 권리를 증진시키기 위한 권리와 그 보고서를 만드는 것이고 둘째, 남녀평등에 기초하여 여성의 권리분야에서 시급한 관심이 요구되는 긴급한 문제에 관하여 ECOSOC에 그 권고를 제시하고 이를 극대화하기 위한 제안 등을 연구하는 것이다.

이 위원회는 32명의 UN회원국의 대표로 구성되어 있으며 이들의 임기는 4년으로 ECOSOC에서 선출된다. 이들은 2년에 한 번 3주간의 회기로 뉴욕이나 제네바에서 모인다. 동 위원회는 ECOSOC의 절차진행규정(Rules of Procedure of Functional Commissions)에 의하여 진행되며, 회기가 시작되면 위원회의 위원과 수행인력 이외에도 UN의 회원국 혹은 비회원국으로부터의 옵저버, 다른 UN기구와 전문기구의 대표 및 NGO의 대표들이 회의에 참석한다.

4) 인권고등판무관과 인권센터

UN의 사무국은 UN의 인권기능을 사무적으로 보조한다. 사무국

중 이 기능을 담당하는 것은 종래 인권센터(Center for Human Rights)의 일이었다. 동 센터는 제네바의 UN 유럽본에 소재하면서 UN의 각종 기구의 인권활동을 지원한다. 즉 동 센터는 UN총회, ECOSOC 및 인권판무관(Commission on Humans Rights)과 그 Sub-Commission의 인권활동을 지원하고 나아가 인권조약에 기초한 기관인 인종차별철폐위원회(Committee on the Elimination of Racial Discrimination), 고문방지위원회(Committee against Torture)의 활동도 지원한다. 동 센터는 원래 UN의 유럽본부의 장인 사무차장(Under-Secretary General)의 책임하에 운영되었다.

그러나 1997년 9월 이후 인권고등판무관(High Commissioner for Human Rights)의 관장으로 넘어가 동 위원회의 관장하에 있는 고등판무관실(Office fo the High Commissioner)로 통합되었다. 고등판무관은 1993년의 비엔나선언에 뒤이어 UN총회의 Resolution 48/141에 의해 창설된 UN의 인권관련 업무를 총괄하는 최고의 직책이다. 동 판무관은 Secretary-General의 지휘와 UN의 전반적인 인권시스템하에서 인권관련 활동을 전개한다. 판무관은 UN총회의 동의를 받아 Secretary-General이 임명하고 임기는 4년이다.

4. 국제인권과 NGO

국제인권분야에서 NGO(Non-Governmental Organization)는 국제인권보호와 그 증진을 위해 핵심적인 역할을 하고 있다고 할 수 있다. NGO는 어느 나라가 인권을 침해하는지를 모니터하여 침해가 발생하였을 경우 이를 국제사회에 고발하고 이의 재발을 방지하기 위하여 제도적 장치를 만들 것을 제안하거나 직접 국제인권 규칙을 고안하여 제도화하도록 국제사회에 압력을 가하기도 한다. 또한 NGO는 인권침해 사건이 발생할 경우 이의 직접적인 해결을 도모하기 위해 피해자들을 대신하여 혹은 함께 ICCPR의 위원회에 요청하여 인권의 구제를 위해 노력한다.

4.1 인권관련 NGO의 조직

인권활동을 하는 국제적인 NGO(INGO)들의 조직은 다양하나 크게 세 가지로 나누어 볼 수 있다. 첫째, 개인들이 회원이 되어 조직을 만들어 운영하는 조직으로 국제적십자위원회(ICRC: International Committed of the Red Cross)나 반노예위원회(Anti-Slavery Society) 등이 여기에 속한다. 이 같은 단체는 보통 한두 나라의 국민들이 지배적인 구성원이 된다. 둘째, 여러 개의 조직이 연합하여 연맹을 만들어 결합하는 조직으로 국제인권연맹(International Federation of Human Rights)이 여기에 속한다. 이 단체는 여러 나라에서 인권보호를 위하여 일하는 국가단위의 인권단체가 회원으로 구성되어 있으며 이들이 국제위원회의 위원들을 선출하여 그 위원회가 단체를 선도하도록 되어 있다. 셋째, 민주적인 중앙조직을 만든 다음 각 지역에 회원조직(constituent units)을 만들어 그 임무를 수행하는 조직으로 대표적으로 AI(Amnesty International)을 들 수 있다.

4.2 NGO의 인권관련 활동

인권관련 NGO들의 주요 활동 중의 하나는 정보를 획득하여 이를 전파하는 것이다. UN Commission on Human Rights와 그 Sub-Commission에 들어오는 많은 정보자료는 NGO가 제공한 것이다. 예를 들어 AI는 전 세계적인 조직과 250여 명의 상근인력이 정보입수에 상당한 노력을 할 뿐만 아니라 자체적으로 인권침해진상조사단을 만들어 현장에 파견하고 이에 근거하여 작성된 보고서를 UN의 각 기관에 배포한다. ICCPR의 Human Rights Committee의 국가보고서 심의과정에서 위원들이 해당 국가에 묻는 대부분의 질문은 이들 NGO가 보내 준 정보에 의존한다고 한다.

또한 NGO는 인권침해를 종식시키는 중요한 수단의 하나로 자신이 가지고 있는 자료를 출판하는 활동을 하고 있다. 긴급한 상황의 인권문제인 경우 자료를 언론에 뿌리거나 기자회견을 통해 배포하고 특정 국가에 대한 문제인 경우 책이나 보고서로 출판한다. 이러한 자료의 출판을 통해 국제사회에 거역할 수 없는 여론을 형성하고 이를 바탕으로 해당 국가와 국제기구에 압박을 가하기도 한다.

NGO는 인권기구에의 제소단체로서의 활동 및 입법절차에서의 활동을 한다. 즉 비공개로 사건이 처리되는 UN의 1503절차와 같은 UN이 정한 인권청원제도에서도 중심적인 역할을 하며, 공개절차인 1235절차의 경우에도 NGO의 대표가 직접 발언하여 결의안에 그의 의사를 관철시키기도 한다.

그 외 인권침해 예방활동을 하기도 한다. 즉 NGO들은 일반 대중을 위한 인권교육을 실시하고 인권과 직접적으로 관련이 있는 전문가 집단을 상대로 인권교육을 실시함으로써 인권침해의 사전예방을 도모하기도 한다.

Ⅱ. 인권관련 국제기구 소개 및 정보원

ACHR
Asia Center for Human Rights
아시아인권센터

① 기구

1) 소재지

주　　소	Asian Centre for Human Rights C-3/441-C, Janakpuri New Delhi-110058, INDIA
전　　화	+91 11 2562 0583
팩　　스	+91 11 2550 3624
전자우편	suhaschakma@achrweb.org
홈페이지	http://www.achrweb.org

2) 설립목적

아시아인권센터(ACHR: Asia Center for Human Rights)는 아시아 지역에서 인권과 기본적 자유를 보호하고 증진시키는 데 그 설립목적이 있다.

3) 주요사업

- 정확하고 시기적절한 정보와 국가인권위원회, 유엔에 보고된 민원에 대한 정보의 제공
- 국가상황이나 개인사례에 대한 조사, 학술연구, 캠페인, 그리고 인권보호압력운동
- 적합한 훈련을 통한 인권 보호자와 시민 단체의 역량 강화
- 인권에 관한 국제적 기준 마련 과정에 관여
- 인권옹호자들과 시민단체의 필요에 따라 법적, 정치적 및 실제적 조언 제공
- 개발에 있어서 권리 기본적 접근법을 통한 경제적, 사회적 그리고 문화적 권리 보호

② 정보원

1) 정보배포정책

ACHR의 정보원은 'Press Release', 'Briefing Papers' 그리고 'Reports'로 분류되어 제공되고, 모든 자료는 무료로 열람이 가능하다.

2) 정보자료

① Press Release

주로 ACHR 및 유엔에서 다루었던 인권관련 기사보도를 인터넷상에서 볼 수 있도록 정보를 제공한다.

② Briefing Papers

아시아 국가별 인권상황 보고서를 PDF 파일로 열람할 수 있다. 대표적인 예는 다음과 같다.

- *Maldives: Judiciary under the President's Thumb,* 28 February 2007(몰디브: 대통령 권한에 있는 사법권)
- *Withdrawal of the Maoists' Unilateral Cease-fire: Where does Nepal Go?* 11 January 2006(모택동주의자들의 일방적 휴전: 네팔이 가야 할 길은 어디인가?)

③ Reports

연간 인권보고서나 국가별 인권보고서 또는 주제별 인권보고서들을 열람할 수 있다.

- *India Human Rights Report 2006*
- *Naxal Conflict in 2006*(인도 극좌 혁명그룹 분쟁)
- *SAARC Human Right 2006*(Southeast Asian Association for Regional Cooperation - 남아시아 협력기구 인권보고서)
- *The Adivasis of Chhattisgarh: Victims of the Naxalite Movement and Salwa Judum Campaign*
- *Nepal: One Year of Royal Anarchy*(네팔: 왕실 부재의 1년)

- ***Lessons Not Learnt by Assam: Ethnic Cleansing and Internal Displacement in Karbi Angolong and North Cachar Hills***(아삼에서 배우지 못한 교훈: 인종청소와 내부난민)
- ***Torture in Nepal***(네팔에서의 고문)
- ***Maldives: The Dark Side of Life***(몰디브: 생활의 어두운 면)
- ***Human Rights Record of Philippines: Spectacular on Paper***

AHRC
Asian Human Rights Commission
아시아인권위원회

① 기구

1) 소재지

주 소	19/F, Go-Up Commercial Building, 998 Canton Road, Kowloon, Hong Kong, China
전 화	+85 2 2698 6339
팩 스	+85 2 2698 6367
전자우편	ahrchk@ahrchk.org
홈페이지	http://www.ahrchk.net

2) 설립목적

아시아인권위원회(AHRC: Asian Human Rights Commission)에서는 시민의 정치적 자유 및 경제·사회·문화적 자유 증진을 도모한다.

3) 주요사업

AHRC는 아시아 지역 인권 실태를 파악하고, 인권 침해로 인한 피해자들을 구제하기 위한 아시아와 국제적인 여론을 조성하는 활동을 한다.

② 정보원

1) 정보배포정책

AHRC의 정보원은 한곳에 모여 있지 않고 홈페이지의 여러 주제메뉴에 분산되어 있다. 홈페이지 곳곳에 'publication'에 대한 이미지와 함께 링크 연결이 되어 있어서 이 이미지들을 눈여겨 봐야 할 필요가 있다. 대부분의 자료를 무료로 제공하며 홈페이지에서 다운로드받을 수 있다.

2) 정보자료

- *AHRC Human Rights Report 2006*

AHRC에서 발간하는 인권보고서이다. 링크를 클릭하면 전체 보고서를 PDF 파일로 다운로드받을 수 있고, 국가별로 자세히 정리되어 있는 보고서를 따로 다운로드받을 수도 있다. 정리되어 있는 국가는 방글라데시(Bangladesh), 버마(Burma), 캄보디아(Cambodia), 인디아(India), 인도네시아(Indonesia), 몰디브(Maldives), 네팔(Nepal), 파키스탄(Pakistan), 필리핀(Philippines), 스리랑카(Sri Lanka), 태국(Thailand)으로 총 11개 국가이다.

- ***Thailand: Military Coup 2006***

  민주주의를 탄압하는 태국의 군부독재에 대항하기 위한 보고서이다.

- ***HR Correspondence School***

  2007년 3월 현재 Lesson Series 49까지 발간되었다. 인권관련 교육에 관한 유용한 내용들을 수록하고 있다.

- ***Article 2***

  'Special Report'의 형식으로 된 인권 주제를 다룬 보고서이다. 대표적인 보고서는 다음과 같다.

  - ***Special Report: The Criminal Justice System of the Philippines is Rotten***

  - ***Focus: A Coup, Killings & Corruptions in Southeast Asia***

- ***Fact Finding Mission Report***

  주제별 보고서이다. 가장 최근 올라온 보고서는 *Hong Kong Mission for Human Rights and Peace in the Philippines*이다.

AI
Amnesty International
국제사면위원회

① 기구

1) 소재지

주 소	99 - 119 Rosebery Avenue London EC1R 4RE United Kingdom
전 화	+ 44 20 7814 6200
팩 스	+ 44 20 7833 1510
전자우편	amnestyis@amnesty.org
홈페이지	http://www.amnesty.org

2) 설립연혁

국제사면위원회(AI: Amnesty International)는 1961년 5월에 창설되었다. 같은 해 10월 런던에서 벨기에·프랑스·독일·영국·아일랜드 대표 등이 모여 국제운동규약을 제정하였고, 1968년 이를 개정하였다.

2년마다 개최되는 국제평의회에서 선출한 국제집행위원회가 실

질적인 운영을 담당하며, 전 세계에 있는 회원국이 낸 기부금
과 기금으로 운영된다.

3) 설립목적

이데올로기·정치·종교상의 신념이나 견해 때문에 체포·투옥
된 정치범의 석방, 공정한 재판과 옥중에서의 처우 개선, 고문
과 사형의 폐지 등을 목적으로 한다.

4) 회원국

1999년 현재 162개국에 지부가 설치되어 있으며, 110만 명이
넘는 회원들이 있다. 1972년에 국제사면위원회 한국지부가 설
립되었으며, 사무국은 영국 런던에 있다.

5) 주요사업

세계에서 가장 유명한 인권단체 중의 하나로 인권 일반에 관한
문제뿐만 아니라 양심수 문제와 정치범의 인권, 사형제도 폐지
와 죄수에 대한 인권 보장 등의 문제를 다루며 정치적인 차원
에서의 인권탄압에 반대한다.
해당 국가의 사회체제에 관계없이, 정부에 서신 등을 통해 정
치범의 인권보장을 요구하는 운동을 계속하여 이제까지 약 2만
명의 정치범을 석방시켰다. 이러한 공로로 1977년에 노벨평화
상, 1978년에 유엔인권상을 수상하였다.

2 정보원

1) 정보배포정책

국제사면위원회(AI)의 정보원은 'News'와 'Library'로 나누어져 있다. AI의 정보원 페이지는 검색이 용이하고, 브라우징을 통해 손쉽게 자료를 찾을 수 있다. 대부분의 정보자료가 무료로 제공되며 온라인상의 원문보기가 가능하다.

2) 정보자료

① News

각 국가별 인권과 관련된 주요 이슈들을 쉽게 접할 수 있다. 페이지상에서 원문읽기뿐만 아니라 동영상 자료도 볼 수 있다. 또한, 지역별로 분리하여 정보를 찾을 수도 있다.

② Library

1996년부터 발간된 국제사면위원회 문헌들이 'document' 메뉴에 국가별, 지역별, 테마별로 분류되어 제공되고 있어 원하는 자료를 신속하게 찾을 수 있다.

관련 목록을 보면 'News', 'Urgent Actions' 또는 'Report' 라고 표기되어 있어 구분이 용이하다.

인터넷상에 나와 있는 보고서들은 모두 원문보기가 가능하며, 주문하여 실제 출판물로 받아 볼 수도 있다. 'Amnesty International' 페이지에 올라와 있는 보고서 종류는 다음과 같이 나눌 수 있다.

- 국가별 최근 이슈를 다루고 있는 보고서
    - *Côte d'Ivoire: Voices of Women and Girls, Forgotten Victims of the Conflict*
    - *Democratic Republic of Congo: No Justice for Rape Victim: Bitondo Nyumba*
    - *Jamaica: Open Letter to the Prime Minister of Jamaica, Mrs Portia Simpson Miller, Welcoming Improvements to Stop Violence Against Women and Encouraging New Seps Forward*
    - *USA: All Allegations of Torture must be Investigated*
- 주제별 최근 이슈를 다루고 있는 보고서
    - *Criteria for the Nomination and Election of Members of the African Commission on Human and Peoples' Rights*
    - *Towards a Comprehensive European Human Rights System: The Speech that Amnesty International would have made at the Inauguration of the EU Fundamental Rights Agency*
    - *Amnesty International Calls on China to Start the Process to Cign up to the New International Criminal Court*
- 국가별로 장기간 지속되고 있는 인권관련 사건들에 대한 보고서
    - *Azerbaijan: Appeal Cases. Two Years of Ill‒treatment must End for Azerbaijani Teenagers!*
    - *Turkmenistan: Appeal Case: Religious Leader Nasrullah*

Ibn Ibadullah still in Prison

- *Amnesty International Report*(1993~)

  'Amnesty International'의 정기간행물로서, 지역별 개관, 주제별 내용, 정부에 대한 권고 등을 다루고 있다.

Anti-Slavery International
국제노예제도반대기구

1 기구

1) 소재지

주　　소	Thomas Clarkson House, The Stableyard, Broomgrove Road, London, United Kingdom, SW9 9TL
전　　화	+44 20 7501 8920
팩　　스	+44 20 7738 4110
전자우편	info@antislavery.org
홈페이지	http://www.antislavery.org

2) 설립연혁

국제노예제도반대기구(Anti‐Slavery International)는 1839년에 설립된 세계에서 가장 오래된 인권 단체로 영국에서 유일하게 노예제도에 반대하는 활동을 벌이고 있다. 각국 정부에 노예제 폐지 및 부작용을 해소할 것에 대해 압력을 행사하고 로비 활동을 펼친다. 또한 노예제도의 현실에 대한 조사를 지원하고 교육 프로그램을 실시하기도 한다.

3) 설립목적

국제노예제도반대기구는 노예제도 폐지와 관련된 도출에 목적을 두고 있으며, 실질적인 변화를 가져오는 데 그 설립목적이 있다.

4) 주요 사업

- 노예제도의 형태(강제노동 등)를 갖고 있는 국가정부에게 노예제도 폐지를 위한 제도이행을 권고
- 노예제도를 우선 문제로 삼기 위한 정부 및 정부간 기구 설득
- 노예제도 폐지를 위해 적당한 측정단계에 관한 연구 지원
- 노예제도에 관한 대중인식을 넓히기 위한 지역 조직들과의 연계활동
- 노예제도의 현실에 관한 대중교육

2 정보원

1) 정보배포정책

국제노예제도반대기구의 정보원은 'Resources'의 'Library', 'Pu-
blications', 'PDF Documents'에서 찾아볼 수 있다. 단
'Library'에서는 원문을 열람할 수는 없고, 목록만을 정리해서
보여 주고 있다. 'PDF Documents'에서는 비교적 많은 양의 출
판물을 제공하고 있다. 그 밖에 문서로 된 자료뿐만 아니라,
Video나 DVD 자료도 제공하고 있다.

2) 정보자료

① Publications

'PDF download', 'Full report', 'Executive summary', 'Policy
recommendation'이라고 표시된 출판물만이 무료열람이 가
능하다. 국제노예제도반대기구의 원문 무료열람이 가능한
목록을 몇 가지 소개하면 다음과 같다.

- *Trafficking for Forced Labor in Europe*
- *Trafficking for Forced Labor: UK Country Report*
- *Contemporary Forms of Slavery in Argentina*
- *Contemporary Forms of Slavery in Bolivia*
- *Contemporary Forms of Slavery in Brazil*
- *Contemporary Forms of Slavery in Paraguay*
- *Contemporary Forms of Slavery in Peru*

- *Contemporary Forms of Slavery in Uruguay*
- *Child Domestic Workers: A Handbook on Good Practice in Program Interventions*(아동주부들)
- *An Absence of Choice: The Sexual Exploitation of North Korean Women in China*(선택권의 부재: 중국에서의 북한 여성 성착취)
- *Slavery in Niger: Historical, Legal and Contemporary Perspectives*(니제르의 노예제도)
- *The Cocoa Industry in West Africa: A History of Exploitation*(서아프리카의 코코아 산업: 착취의 역사)
- *The Migration - Trafficking Nexus: Combating Trafficking Through the Protection of Migrants' Human Rights*
- *International Action Against Child Labor: Guide to Monitoring and Complaints Procedures*(아동노동에 반대하는 국제 활동)
- *Is There Slavery in Sudan?* (수단에는 노예제도가 있는가?)
- *Child Domestic Workers: A Handbook for Research & Action*

② PDF Documents

다음과 같은 분류에 따라 'Publication' 메뉴에서 출판물들을 PDF로 제공하고 있다.

- *Annual Review, Accounts & Quarterly Magizine* - 연간보고서 모음
- *Child Labor*
- *General Slavery*

- *Migrant Labor*
- *Take Action*
- *Translations*
- *Bonded Labor*
- *Forced Labor*
- *Sudan*
- *Trafficking*
- *Using UN Mechanism*

AWID

Association for Women's Rights in Development
여성인권협회

① 기구

1) 소재지

주　　소	215 Spadina Ave., Suite 150, Toronto, Ontario M5T 2C7 CANADA
전　　화	+1 416-594-3773

팩 스	+1 416 - 594 - 0330
전자우편	awidinfo@awid.org
홈페이지	http://www.awid.org

2) 설립연혁

여성인권협회(AWID: Association for Women's Rights in Development)는 1982년 북미의 개발단체들 및 농업대학들의 커뮤니티가 모체가 되었다. AWID는 초기에 여성의 역할을 논의하는 수준이었으나, 시간이 지남에 따라 AWID 멤버들의 비전은 '젠더 평등, 지속가능한 발전, 여성의 인권을 획득하기 위하여 사람들과 조직들을 연결시키고, 정보를 공유하며, 결집시키는 것'이라는 현재의 비전으로 확대되었다.

3) 설립목적

- 근본적이고 흥미 있는 주제에 관한 포괄적 토론을 조장함으로써 젠더와 개발 그리고 여성의 인권에 관한 활동을 증진시킨다.
- 정보와 네트워킹 그리고 배움의 기회를 제공함으로써 AWID 멤버들이 사회적, 경제적, 정치적 변화 전략을 분석하는 개인적이고 조직적인 능력을 배양한다.
- AWID의 젠더 평등과 사회 정의를 위한 책임을 공유하는 유권자를 넓혀 간다.

4) 주요사업

- AWID 국제 포럼
- 전략적 커뮤니케이션
- 프로그램 활동
  - 페미니스트 운동 및 조직
  - 젠더 평등 및 신기술
  - 여성의 권리와 경제 변화
  - 젊은 여성과 리더십
  - 여성 인권 네트워크

② 정보원

1) 정보배포정책

AWID는 'Publications'을 중심으로 정보원이 구성되어 있다. 단, AWID의 'Annual Report'는 홈페이지의 'About AWID'로 들어가면 발견할 수 있다.

2) 정보자료

① Publications

테마별로 방대한 자료가 수록되어 있다. 모든 출판물들은 PDF 또는 Word 파일로 열람이 가능하다. AWID 정보원에 있는 출판물의 대표적인 예는 다음과 같다.

- *Addressing Financial Stability: Key Challenges and Opportunities for Transnational Women's Rights Organizations*(재정적 안정: 전환기의 여성 인권 기구의 도전과 기회)

- *Civil Society, Community Participation and Empowerment in the Era of Globalization*(세계화 시대의 시민사회, 커뮤니티 참여 그리고 권리부여)

- *Digital Dangers: Information & Communication Technologies and Trafficking in Women*(디지털 위험: 정보통신과 여성 매매)

- *Facing the Challenges of New Reproductive Technologies*(신생식기술에 대한 도전에 직면하다)

- *Gender and Development: Women Reinventing Globalization*(젠더와 개발: 여성이 세계화를 재개발하다)

- *Gender Mainstreaming: Can it Work for Women's Rights?*(성주류화: 여성의 권리를 위해 성주류화가 도움이 되는가?)

- *The Human Rights of Women*(여성의 인권)

- *International Trends in Gender Equality Work*(젠더 평등 활동의 국제적 트렌드)

- *A Rights Based Approach to Development*(개발로의 권리 중심적 접근법)

- *Ten Principles for Challenging Neoliberal Globalization*(신자유주의 세계화로의 도전을 위한 열 가지 원칙들)

- *Why New Technology is a Women's Rights Issue*(왜 신기술

이 여성 권리의 문제인가)

- ***Working with Men for Women's Rights***(여성 권리를 위해 남성과 함께 일하기)

COALITION

CATW

Coalition against Trafficking in Women
여성매매반대연합

1 기구

1) 소재지

주　　소	Dr. Janice Raymond Co-Executive Director Coalition Against Trafficking in Women Professor, University of Massachusetts P.O. Box 9338 N. Amherst, MA 01059 USA
팩　　스	+1 413 367 9262
전자우편	info@catwinternational.org
홈페이지	http://www.catwinternational.org

2) 설립연혁

여성매매반대연합(CATW: Coalition against Trafficking in Women)은 실제적이고 지속될 수 있는 변화를 추구하는 여성에 대한 모든 형태의 성적 착취에 대항하기 위해 설립되었다. 특히 아동과 청소년, 여성의 매춘과 인신매매에 초점을 맞추어 활동하고 있다.

3) 설립목적

CATW는 여성 인권을 추구하는 데 주목적이 있다. 국제적으로 성적 착취에 대항하고, 지역적인 네트워크하에서 여성 인권을 지원하기 위해 활동한다.

4) 주요사업

CATW의 주요사업은 여성의 인권에 침해가 되고 있는 성매매와 여성 인신매매에 관한 서적과 보고서 출간 및 비디오를 제작하는 것이다.

② 정보원

1) 정보배포정책

CATW의 정보원은 'Fact Book'과 'Resources'에서 찾아볼 수

있다. 'Resources'는 'Browse All Categories'라는 단계를 한 번 거쳐야 출판물 목록을 볼 수 있게 된다. 모든 자료는 무료로 열람이 가능하다.

2) 정보자료

① Fact Book

95개국과 5개 지역의 보고서가 수록되어 있다. 각 보고서에는 'Trafficking', 'Policy and Law', 'Official Response and Action'의 큰 제목하에 각 국가별 또는 지역별 현황보고가 수록되어 있고, 사례도 실려 있다.

② Resources

크게 'Prostitution Law Reform', 'Speeches, Articles'로 나뉘어 목록이 나열되어 있다. 'Articles'의 부분에 CATW의 주요 출판물 목록이 기재되어 있다. 대표적인 예는 다음과 같다.

- ***The Links between Prostitution and Sex Trafficking: A Briefing Handbook***(매춘과 성매매의 관계)

- ***What Happens When Prostitution Becomes Work? An Update on Legalisation of Prostitution in Australia***(매춘이 직업이 되었을 때 어떤 일이 생기나? 호주의 매춘법률에 관한 개정)

- ***Sex Trafficking is Not 'Sex Work'***(성매매는 '성노동'이 아니다)

- ***Korea on Right Path to Fight Sex Trade***(한국의 성매매에

대항하기 위한 권리의 방향)

- ***The Case against the Legalization of Prostitution***(매춘법률
  에 대항하는 사례)
- ***Prostitution on Demand: Legalizing the Buyers as Sexual
  Consumers***(요구에 의한 매춘: 성소비자로서의 성구매자
  의 합법화)
- ***10 Reasons for Not Legalizing Prostitution***(매춘을 합법화
  하면 안 되는 10가지 이유)

CCC
Clean Clothes Campaign
클린클로즈캠페인

① 기구

1) 소재지

주　　소　　Postbus 11584 1001 GN Amsterdam The
　　　　　　Netherlands

전　　화　　+31 20 412 2785

팩　　스	+31 20 412 2786
전자우편	info@cleanclothes.org
홈페이지	http://www.cleanclothes.org

2) 설립연혁 및 목적

클린클로즈캠페인(CCC: Clean Clothes Campaign)은 1990년 네덜란드에서 시작된 운동으로 노동을 착취하는 공장에서 만드는 옷을 입지 말자는 취지에서 시작된 운동이다.

3) 주요사업

독일과 영국 등 10여 개 국가에서 진행하고 있는 이 캠페인은 의류산업에서의 노동자들의 권리와 작업인권을 개선하기 위한 운동을 하고 있다.

② 정보원

1) 정보배포정책

클린클로즈캠페인의 정보원은 'Publications'에서 찾아볼 수 있다. 모든 자료는 무료로 원문 열람이 가능하다.

2) 정보자료

클린클로즈캠페인에서 그때그때 정하는 주제에 따라 출판물이 정리되어 있다. 또한, 다른 관련 기구들에서 새로 발간한 출판물에 대한 소개와 함께 홈페이지에 링크되어 있기도 하다. 대표적인 목록은 다음과 같다.

- ***Fashion Victims***

  영국의 대표적인 대형마트인 프리마크, 아스다, 테스코에서 판매되는 값싼 옷들의 원가와 노동력에 대한 글이다.

- ***Let's Clean Up Fashion***

  영국에서의 브랜드 이미지 선호와 관련하여 의류 구입시 노동력과 원가에 관한 생각은 하지 않고 단지 고가의 브랜드를 선호하고 비싼 비용을 마다하지 않는 고객들과 의류산업에 대한 글이다.

- ***Sweat FA?***

  세계축구협회(FA: Football Association)에서 월드컵에 사용되는 물건들을 생산할 때, 그 물건들을 만드는 노동자들의 일주일 노동시간 및 임금에 대해 비판하고 있다.

CRIN

Child Rights Information Network

아동인권정보네트워크

① 기구

1) 소재지

주 소	c/o Save the Children 1 St John's Lane London EC1M 4AR United Kingdom
전 화	+44 20 7012 6866
팩 스	+44 20 7012 6952
전자우편	info@crin.org
홈페이지	http://www.crin.org

2) 설립연혁

아동인권정보네트워크(CRIN: Child Rights Information Network)는 1991년에 설립되었다. 1991년부터 1995년까지는 CRIN의 첫 변화의 시기라 할 수 있는데, 이 시기에 CRIN은 '아동인권정보네트워크'를 대변하는 역할을 했었다. CRIN은 모든 아동들이 차별 없이 가져야 할 4개의 기본 권리를 정하고 정해진 권리와 관련된 자료들을 제공하고 있다.

3) 설립목적

CRIN의 전략적 목표는 아동인권 증진을 위한 좀 더 강하고 영향력 있는 조직이 되는 것이다.

4) 주요사업

CRIN은 아동인권 옹호 활동에 있어서 정보를 활용하고, 새로운 아동인권 문제들에 중점을 두고 활동한다. 또한 아동인권에 관한 좀 더 많은 관심을 얻도록 노력한다.

② 정보원

1) 정보배포정책

CRIN의 정보원은 'Resources'의 'News'와 'Publication'으로 나뉜다. 'News'는 일자별로 제공되고 있고, 또한 타입별, 국가별, 지역별로 보도기사를 찾아볼 수 있도록 되어 있다. 'Publications'의 자료는 원문을 제공하는 기관을 명시해 두고 있으며, 그 기관 홈페이지를 방문할 수 있도록 링크도 되어 있다.

2) 정보자료

① Publications

홈페이지 중앙에 최근 출판물을 정리해 놓고 있다. 또한 CRIN이 추천하는 출판물은 따로 표시를 해 두고 있다. 추천 목록을 살펴보면 다음과 같다.

- *SPECIAL PROCEDURES - Facts and Figures 2006*
- *Violence against Girls in Conflict with the Law*(분쟁상황에서 소녀들에 대한 폭력과 법)
- *Ending Legalised Violence against Girls*(소녀들에 대한 합법적인 폭력근절)
- *Children and AIDS: A Stocktaking Report*(아동과 에이즈: 현황파악 보고서)
- *The New Disability Convention and the Protection of Children* (신장애 총회와 아동보호)
- *Child Protection Research Fund*(아동보호 조사 기금)
- *World Report on Violence against Children*(아동에 대한 폭력 세계보고서)
- *Ending Legal Violence against Children: Global Report 2006*(아동에 대한 법적 폭력근절: 글로벌 보고서 2006)
- *NGOs: Statement on the Launch of the Violence Study*
- *Violence Study: Recommendations for Action*
- *Recommendations for Action on the Violence Study*
- *All Africa Report Calls on End to Corporal Punishment of Children*(아프리카는 아동의 신체적 처벌을 끝내기를 원한다)

- *Children and Development*(아동과 발전)
- *Report on Survey and Analysis of the Situation of Street Children in Zambia*(잠비아의 거리아동들에 대한 조사 분석 보고서)
- *Violence against Children in Cyberspace*(사이버스페이스에서 아동에 대한 폭력)
- *Research on Institutional Care of Vulnerable Children*(상처 입기 쉬운 아동을 위한 제도적 보살핌에 관한 연구)
- *Children in Institutional Care: The Status of their Rights and Protection in Sri Lanka*(제도적 보살핌하의 아동: 스리랑카 아동의 권리와 보호 현황)

Childwatch

CWI

Childwatch International Research Network

아동인권국제연구네트워크

① 기구

1) 소재지

주　소　　Childwatch International, P.O. Box 1132 Blindern, N – 0317 OSLO, Norway

전　　화	+47 22 85 43 50
팩　　스	+47 22 85 50 28
전자우편	childwatch@uio.no
홈페이지	http://www.childwatch.uio.no

2) 설립연혁

아동인권국제연구네트워크(CWI: Childwatch International Research Network)는 1993년 연구모임들의 유엔아동권리에 관한 협약 (The UN Convention on the Rights of the Child)에 대한 결과로 설립되었다. CWI는 '세계 아동 관련 인권단체'들의 연합체와 같은 성향을 갖고 있다. 세계 각국의 아동관련 인권단체들의 정보를 이곳에서 얻을 수 있다.

3) 설립목적

CWI는 아동문제와 관련된 지식, 실행, 정책에 기본을 둔 국제연구조사에 설립목적이 있다. 이를 위해 CWI는 좀 더 효과적이고 전략적인 접근법을 사용하기 위해 노력하고 있다

4) 주요사업

- 아동인권의 실태를 조사한 자료 제공
- 아동과 청소년 그리고 그들의 가정의 삶에 대한 연구
- 현재 전 세계 아동과 청소년들의 상태를 전달하기 위한 조사연구 제공

② 정보원

1) 정보배포정책

CWI의 정보원은 'News'의 'Publications'와 'What is CWI'의 'Reports'에서 찾아볼 수 있다. 'Publications'는 직접 그 원문을 제공하는 홈페이지로 링크가 되어 있고, 이동 후 원문 열람이 가능하도록 되어 있다.

2) 정보자료

① Publications

'Journals and Bulletins', 'Research Reports', 'Books', 'Newsletters'의 네 가지 종류로 분류되어 있으며, 모두 인터넷상에 링크가 되어 있어 많은 양의 다양한 출판물들을 열람하기에 용이하다.not

- Journals and Bulletins

  다음과 같은 정기간행물에 실린 기사들이 링크되어 있다.

  - *Children, Youth and Environments(CYE)*
  - *Journal of Children's Issue Center*
  - *Family Matters Journal*
  - *Coordinators' Notebook: An International Resource for Early Childhood Development*

- Research Reports

  다음 두 곳의 출판물들을 열람할 수 있도록 링크시켜

놓고 있다.

- *The Children's Research Center*
- *Journal of Family and Economic Issues*

• Books

다음의 연구기관들의 최신 출판물들을 링크시켜 열람하도록 되어 있다.

- *Children's Welfare in an Ageing Europe*
- *CIEPI, Brazil and Clemson University*
- *The Norwegian Center for Child Research(NOSEB)*
- *Childhood and Youth Policy Research Unit, Australia*

• Newsletters

- *Children's Issues Centre, University of Otago, New Zealand: Newsletter Archive*
- *Chapin Hall Center for Children Monthly Electronic Newsletter*
- *Child Research Net*

② Reports

CWI에서 정기적으로 발간하는 연간보고서(Annual Reports)를 제공하고 있다. 1993년부터 매해의 *Annual Report*가 PDF 파일로 정리되어 있다.

DAW

Division for the Advancement of Women

여성지위향상국

① 기구

1) 소재지

주　　소	2 UN Plaza, DC2 – 12th Floor, New York, NY 10017, USA
팩　　스	+1 212 963 3463
전자우편	daw@un.org
홈페이지	http://www.un.org/womenwatch/daw

2) 설립연혁

여성지위향상국(DAW: Division for the Advancement of Women)은 1946년에 사회국(Department of Social Affairs)의 산하기관으로 설립되어, 1972년 새로 생긴 사회개발과인도적지원센터(Center for Social Development and Humanitarian Affairs) 산하기관으로 발전하였다. 1978년 여성지위향상지부 (Branch for the Advancement of Women)로 이름이 변경되었

고, 그 후 지금의 이름으로 개정되었다. 1996년 여성지위향상
국은 경제사회국(Department of Economic and Social Affairs)
의 산하기관으로 바뀌었다.

3) 설립목적

DAW는 남녀평등과 여성에 대한 권한 부여를 위해 존재한다.
정부기관, 유엔기관, 시민단체, NGO 등과 함께, DAW는 남녀평
등과 여성인권 문제에 관한 글로벌 아젠다를 도모하고자 한다.

4) 주요사업

- Four World Conferences on Women(Mexico 1975, Copenhagen 1980, Nairobi 1985 and Beijing 1995)
- Committee on the Elimination of Discrimination against Women(CEDAW)
- Commission on the Status of Women(CSW)
- Beijing Declaration and Platform for Action
- Convention on the Elimination of All Forms of Discrimination against Women and its Optional Protocol

② 정보원

1) 정보배포정책

DAW의 정보원에는 여성인권을 비롯한 방대한 분량의 여성관련 정보가 있다. CSW(Commission on the Status of Women)와 CEDAW(Committee on the Elimination of Discrimination against Women)에 관련된 각종 보고서와 각 회의별 자료가 링크되어 있다. 출판물을 따로 모아 놓고 있는데, 그 내용은 아래와 같다.

2) 정보자료

① Publications

전체 'Publication'을 총 4개로 분류하여 정리해 놓았다. 일부는 PDF 파일로 다운받아 열람이 가능하나, 일부는 온라인상으로 별도로 구매하여야 한다.

- Flagship Publications

  DESA(Department of Economic and Social Affairs)에서 지정한 특정 여성인권/문제관련 출판물

  - *2004 World Survey on the Role of Women in Development: Women and International Migration*(개발에 있어서의 여성의 역할에 관한 국제조사)

- Other Publications

  DESA 관련 외 여성인권/문제관련 출판물

- *Agreed Conclusions of the Commission on the Status of Women on the Critical Areas of Concern of the Beijing Platform for Action 1996－2005*
- *Women in Politics: 2005*(Map)
- *Handbook for Parliamentarians－The Convention on the Elimination of All Forms of Discrimination against Women and its Optional Protocol*
- Women 2000 and Beyond Series
  - *Women 2000 and Beyond: Gender Equality and the Empowerment of Women through ICT*(정보화를 통한 젠더평등과 여성권한강화)
  - *Women 2000 and Beyond: Women and Water*(여성과 물)
  - *Women 2000 and Beyond: Making Risky Environments Safer: Women Building Sustainable and Disaster－Resilient Environments*
  - *Women 2000 and Beyond: Women, Nationality and Citizenship*(여성, 국적과 시민권)
  - *Women 2000: Gender Dimensions of Ageing*(고령화에 따른 젠더의 범위)
  - *Women 2000: Widowhood: Invisible Women, Secluded or Excluded*
  - *Women 2000: Sexual Violence and Armed Conflict: United Nations Response*
  - *Women 2000: Women and Decision－Making*(여성과 의사결정)

- *Women in Development*(1992)(개발에서의 여성)
- *Women in Public Life*(1992)(공적인 삶에서의 여성)
- *Women and the Information Revolution*(1996)(여성과 정보혁명)
- *Progress on Women and the United Nations System of Organizations(1998)*
- *Publications Prepared in Collaboration with the Office of the Special Adviser on Gender Issues and Advancement of Women*(OSAGI)
  - *Gender Mainstreaming: An Overview*
  - *Women, Peace and Security*(여성, 평화 그리고 안보)
  - *Facilitator's Manual - Competence Development Programme On Gender Mainstreaming*

ECPAT

End Child Prostitution, Child Pornography and Trafficking of Children for Sexual Purposes(ECPAT) International

국제아동성착취예방기구

① 기구

1) 소재지

주　　소	328 Phaya Thai Road, Bangkok, 10400
전　　화	+66 2 215 3388
팩　　스	+66 2 215 8272
전자우편	info@ecpat.net
홈페이지	http://www.ecpat.net

2) 설립목적

국제아동성착취예방기구(ECPAT: End Child Prostitution, Child Pornography and Trafficking of Children for Sexual Purposes (ECPAT) International)는 아동매춘, 아동 포르노그래피, 기타 성적인 목적의 아동학대에 반대하는 단체와 개인들의 네트워크 조직이다. ECPAT는 전 세계 모든 아동이 성적 착취나 상업적 착취에서 벗어나 행복하게 살 수 있는 권리를 주장한다.

② 정보원

1) 정보배포정책

ECPAT의 정보원은 'Information & Resource Center'하에

'Publication', 'Newsletter', 'Annual Report'로 나뉘어 있다. 홈페이지 자체는 그리 많은 정보를 담고 있지는 않지만, 출판물에 있어서는 정리가 잘 되어 있는 편이다. 대부분의 자료에 대한 원문열람이 가능하고, 일부는 영어뿐만 아니라 다른 언어로도 열람이 가능하다.

2) 정보자료

① Publications

ECPAT의 출판물은 알파벳 순서로 정리해서 볼 수 있으며, 대표적인 목록은 다음과 같다.

- ***An Analysis of the Training Needs of Caregivers in Relation to the Provision of Biopsychosocial Help to Sexually Exploited Children in Nepal***(네팔에서 성적 착취의 대상이 된 아동들을 돌보는 이들을 위한 트레이닝 분석)

- ***Child Prostitution and Sex Tourism: Costa Rica***(아동매춘과 섹스관광: 코스타리카)

- ***Developing Partnership for Training***(트레이닝을 위한 파트너십 개발)

- ***ECPAT International's Regional Consultation on the Trafficking and Sexual Exploitation of Children in Southern Africa***(아동매매와 성착취에 관한 ECPAT 남부 아프리카 지역협의회)

- ***Five Years after Stockholm: the Fifth Report on the Implementation of the Agenda for Action***(스톡홀름 이후 5년: 행동강령 이행에 관한 다섯 번째 보고서)

- *International Action Against Child Labor: Guide to Monitoring and Complaints Procedure*(아동노동에 반대하는 국제운동: 절차에 관한 모니터링 및 불만들)

- *Looking Back, Thinking Forward: The Fourth Report on the Implementation of the Agenda for Action Adopted at the World Congress against Commercial Sexual Exploitation of Children*(과거를 돌아보고 미래를 생각하다: 아동의 상업적 성착취에 관한 세계 학술대회에서 채택된 행동강령 이행에 관한 네 번째 보고서)

- *Mission Report on West Africa, August－October, 2000*(서아프리카 미션보고서, 2000년 8월－10월)

- *Prevention Program for Children and Families at Risk*(위험에 처한 아동과 가족을 위한 예방 프로그램)

- *Regional Investigation on Trafficking, Prostitution, Child Pornography and Sex Tourism with Children in Mexico and Central America: Summary*(멕시코와 중앙아메리카의 아동매매, 아동매춘, 아동 포르노그라피, 섹스관광에 관한 지역조사)

- *Setting Up a Campaign*(캠페인을 시작하다)

- *The Commercial Sexual Exploitation of Children in Southern Africa*(남부 아프리카에서의 아동을 대상으로 한 상업적 성착취)

- *Using Communication Media as a Tool for Campaigning*(캠페인을 위한 일환으로서의 매스컴기관 이용)

- *West African Regional Consultation: ECPAT's Regional Consu-*

ltation on Networking for the Implementation of the Stockholm Agenda for Action(서아프리카 지역협의회: 스톡홀름 행동강령 이행을 위한 네트워킹에 관한 ECPAT 지역협의회)

② Annual Report

ECPAT의 'Annual Report'가 전체파일 및 부분파일로 볼 수 있도록 되어 있다.

• *Annual Report, 2005 - 2006*

1999년 *Annual Report*부터 현재까지의 자료를 모두 볼 수 있다.

ENAR

European Network against Racism
인종차별반대유럽네트워크

1 기구

1) 소재지

주   소   43 rue de la Charit B - 1210 Brussels

전　　화	+32 2 229 35 70
팩　　스	+32 2 229 35 75
전자우편	Info@enar‒eu.org
홈페이지	http://www.enar‒eu.org

2) 설립연혁

인종차별반대유럽네트워크(ENAR: European Network against Racism)는 EU 회원국 내의 인종차별 문제 해결을 위해 1997년에 설립된 유럽 비정부 단체들의 네트워크 조직이다.

3) 설립목적

ENAR은 인종적, 민족적, 문화적으로 다른 배경을 가지고 있는 사람들에 대한 차별과 배제에 반대하고 유럽 이민정책에서 인종 차별적 요소를 제거하며 문화적, 민족적, 인종적 다양성을 고취하는 것을 목표로 한다.

4) 주요사업

- 인종적, 민족적, 문화적 상이성에 대한 차별과 배제에 대한 반대운동
- 유럽의 이민정책의 인종차별적 요소 제거
- 문화적, 민족적, 인종적 다양성에 대한 인정

② 정보원

1) 정보배포정책

ENAR의 정보원은 'Publications', 'Fact Sheets', 'ENARgy Newsletter', 'Weekly Mail', 그리고 'Press Releases'로 구성되어 있다. 'ENARgy Newsletter'와 'Weekly Mail'은 ENAR에서 발송하는 자료를 일목요연하게 정리해 놓고 있다. 'Press Releases'에서는 일자별 보도내용 및 대중연설문 등이 PDF 파일로 제공되고 있다.

2) 정보자료

① Publications
다음과 같은 출판물들의 원문을 무료로 열람할 수 있다. 모든 자료는 영문과 프랑스어로 제공된다.

- *Annual Reports*
  ENAR의 연간 활동을 보고하고 있는 연간보고서가 발간지부터 제공되고 있다.
- *Shadow Reports*
  *Shadow Reports*에서는 ENAR의 회원기관들이 각국의 인종차별이나 차별 사례에 대한 자료 및 정보를 수집하여 보고하고 있다. 2001년부터의 유럽 각 국가들에 대한 *Shadow Reports*를 열람할 수 있다.
- *Other Reports*

ENAR이 주제에 따라 매년 발간하는 보고서를 열람할 수 있다. 대표적인 출판물은 다음과 같다.

- *Changing Perspectives: Shifting the Burden of Proof in Racial Equality Cases*(변화하는 관점: 인종 평등 사례 증명에 대한 부담)
- *The EU Constitution and Racism: New Legal Tools*(EU 헌법과 인종차별: 새로운 법률적 수단)
- *Combating Religious and Ethnic Discrimination in Employment from the EU and International Perspective*(EU 및 국제 관점으로부터의 종교적 그리고 민족적 고용 차별에 대한 저항)
- *Mainstreaming Equality in European Union Law and Policymaking*(유럽 노조법과 정책입안에 있어서의 평등화)
- *Racism as a Crime－European Strategies to Combat Racism and Xenophobia as a Crime*(범죄로서의 인종차별－범죄로서의 인종차별과 외국인혐오증에 대한 유럽의 전략)
- *Belief and Exclusion－Combating Religious Discrimination in Europe*(믿음과 배제－종교적 차별에 대한 저항)

• *National Leaflets*

2006년 ENAR에서 제작한 유럽 25개국의 정보를 담은 리플릿을 PDF 파일로 다운받을 수 있다.

② Fact Sheets

2007년 4월 현재 ENAR에서 발간하는 인종차별에 관한 총 31개의 'Fact Sheet'가 제공되고 있다.

Equality NOW
이퀄리티나우

1 기구

1) 소재지

주 소	P.O. Box 20646, Columbus Circle Station, New York NY 10023, USA
팩 스	+1 212 586 1611
전자우편	info@equalitynow.org
홈페이지	http://www.equalitynow.org

2) 설립연혁

이퀄리티나우(Equality NOW)는 전 세계 여성들의 권리를 보호하기 위해 1992년에 설립되었다. Equality NOW는 각국의 국가 인권 기구 및 일반 단체들과 함께 활동하며, 여성인권침해에 관한 정보를 유포하고, 인권침해에 관하여 행동을 취하며, 여성인권침해에 대해 대중의 관심을 모으기 위해 설립되었다.

3) 설립목적

정의 및 여성 평등에 대해 표명하는 데 세계가 함께하도록 하는 것이 Equality NOW의 사명과 목적이다. Equality NOW가 특히 중점을 두는 분야는 강간, 가정폭력, 모자보건, 여성매매, 여성할례, 그리고 경제기회와 정치참여 불평등한 기회에 대해 세계에 알리고 반대하는 것이다.

4) 주요사업

Equality NOW는 여성에 대한 폭력에 관한 정보를 문서화하고 국제적 움직임을 촉진시키며, 여성 인권 학대를 멈추기 위한 노력을 지원한다.

② 정보원

1) 정보배포정책

Equality NOW의 정보원은 'Annual Reports', 'Women's Action Network', 그리고 'Press Room'으로 구성되어 있다. 'Annual Reports'를 제외한 자료들은 문서 원문을 홈페이지지상에서 직접 읽을 수 있도록 링크되어 있다.

2) 정보자료

① Annual Reports

홈페이지의 'About Equality NOW'의 하위 카테고리로 분류되어 있다. 1992년부터의 'Annual Report'가 수록되어 있고, 모두 PDF 파일로 볼 수 있다.

② Women's Action Network

유엔을 중심으로 한 국제기구의 여성인권 관련 문서 및 보도내용, 선언문, 담화문 등을 찾아볼 수 있다.

③ Press Room

Equality NOW의 보도내용을 일자별로 정리해 놓고 있다.

Free the Children International
국제아동단체

① 기구

1) 소재지

주   소   233 Carlton Street Toronto, Ontario M5A 2L2
              Canada

전　　화	1 416 925 5894
팩　　스	1 416 925 8242
전자우편	info@freethechildren.com
홈페이지	http://www.freethechildren.org

2) 설립연혁

국제아동단체(Free the Children International)는 1995년 당시 12세였던 Craig Kielburge이 11명의 친구들과 함께 아동노동에 반대하는 모임으로 창립되었다. 그로부터 10년 후 국제아동단체는 전 세계 아동들 사이에서 가장 큰 네트워크로 자리잡았다. 전 세계적으로 있는 다른 아동 기금과는 다르게, 국제아동단체는 아동과 청소년에 의해 직접 운영되고 기금이 조성된다.

3) 설립목적

국제아동단체의 설립목적은 아동 또는 청소년이 긍정적인 사회 변화를 가져오는 데 아무런 역할을 못 한다는 생각에서 자유로워지고, 그들로 하여금 전 세계의 젊은이들의 생활을 향상시킬 수 있도록 장려하는 데 있다.

4) 주요사업

국제아동단체는 전 세계 아동 및 청소년들을 가난과 착취로부터 보호하고, 그들에게 발언권과 통솔력 훈련, 지역적 단계에서 국제적 단계까지의 아동관련 이슈에 대해 스스로 사고하고 대처할 수 있는 기회를 제공해 주는 일을 한다.

② 정보원

1) 정보배포정책

국제아동단체의 정보원은 'Media Room'에서 찾아볼 수 있다. 'Media Releases'와 'In the News' 섹션에는 국제아동단체의 보도내용을 일자별로 열람할 수 있다. 비디오 자료도 올라와 있어 동영상을 볼 수도 있다. 'Publications'는 모두 PDF 파일로 무료 열람이 가능하다.

2) 정보자료

① Publications

국제아동단체의 'Publication' 부분에 실려 있는 자료 중 일부 핵심 자료를 소개하면 다음과 같다.

- *How the Gift of a Cow Can change a Life Forever*
- *Rural Africans go Wireless*
- *Gender Gap Leaves Many Behind*
- *A Birthday Party for Kids who don't Know their Age*
- *Too Young to Vote, not too Young to Care*
- *Born and Raised in a Trash Dump*
- *Time to Deliver AIDS Plan for Sick Children*
- *Hope, Peace and the Power of Young People*

GAATW

Global Alliance against Traffic in Women
여성매매반대국제동맹

① 기구

1) 소재지

주　　소	191/41, 6th Floor, Sivalai Condominium, Soi 33 Itsaraphap Road, Bangkok－Yai, Bangkok 10600, Thailand
전　　화	+66 2 864 1427
팩　　스	+66 2 864 1637
전자우편	gaatw@gaatw.org/info@gaatw.org
홈페이지	http://www.gaatw.net

2) 설립연혁

여성매매반대국제동맹(GAATW: Global Alliance against Traffic in Women)은 전 세계 80개 이상의 NGO들의 연합조직이다. 인신매매된 여성들의 인권을 보호하고, 또한 보호받을 수 있는 인권을 만들기 위하여 활동하는 단체이다. 인신매매에 대항하는 일에 여성의 참여를 장려하고 여성들을 희생자로서 위협하는 것이 아니라 힘을 주기 위해서 활동한다.

3) 설립목적

GAATW는 인권을 기본으로 한 접근법을 사용한 프로그램을 수행하고 여성매매를 근절시킬 수 있는 정책 및 연구 사업을 하여, 여성의 권리와 이주노동자들의 권리 등을 보호하기 위하여 설립되었다.

4) 주요사업

GAATW는 모든 이주자들과 그 가족들의 인권을 추구하고 대변한다. 지역 단계에서의 변화를 추구하며, 국제적 연합활동을 중심으로 여성매매에 반대하는 활동의 효과를 높이기 위해 지식, 경험, 활동방법 등을 공유하고 지원한다.

② 정보원

1) 정보배포정책

GAATW의 정보원은 'GAATW Publications'와 'Web Resources' 로 나눌 수 있다. 'Publications'에는 GAATW가 추천하는 출판물 목록과 회원기구에서 나온 'Publication', 그리고 'The Alliance

News'가 제공된다.

2) 정보자료

① Publications

Books, Reports, Working Papers, Newsletters, Briefings & Statements, E-Bulletins, Videos로 목록이 정리되어 있다. GAATW가 추천하는 목록의 일부를 다음과 같이 소개한다.

* *Partners in Change: Stories of Women's Collectives, 2002*
* *Human Rights and Trafficking in Persons: A Handbook, 2001*
* *Human Rights in Practice: A Guide to Assist Trafficked Women and Children, 2001*
* *Human Rights Standards for the Treatment of Trafficked Persons, 1999*
* *The Migrating Woman's Handbook, 1999*
* *Trafficking in Women, Forced Labor and Slavery-like Practices, 1997*
* *Practical Guide to Assisting Trafficked Women, 1997*
* *The Demand Side of Trafficking, 2001-2002*
* 기타 GAATW가 준비조사(pilot study)로 했던 연구보고서

② Web Resources

홈페이지에서 직접 열람할 수 있도록 자료들을 주제별로 정리하여 링크시켜 놓았다. 그중 일부는 PDF 파일로 다운받을 수 있다.

주제 및 대표적 목록은 다음과 같다.

- International Instruments
  - *Trafficking, Smuggling and Migration*
  - *UN Protocol to Prevent, Suppress and Punish Trafficking in Persons, Especially Women and Children*(인신매매, 특히 여성과 아동매매의 예방, 금지, 처벌에 관한 유엔조약)
  - *UN Convention against Transnational Organized Crime* (과도기 조직범죄에 관한 유엔 총회)
  - *UN High Commissioner for Human Rights Principles and Guidelines on Human Rights and Trafficking*(인권과 인신매매에 관한 유엔인권고등판무관 방침)
  - *Slavery and Slavery Like Practices*
  - *Slavery Convention*(노예협약)
  - *Protocol Amending the Slavery Convention*(노예협약 개정의정서)
  - *Employment and Forced Labor*
  - *Convention Concerning Forced or Compulsory Labor*(강제노동에 관한 협약)
  - *Abolition of Forced Labour*(강제노동 폐지)
- *Relevant Publications on Trafficking and Migration*
  - *Kids as Commodities? Child Trafficking and What to do about it*(상품으로의 아동? 아동매매와 그에 대한 방안)
  - *International Migration Quarterly Review, IOM*(국제이주 분기보고서, 국제이주기구)

GFW
Global Fund for Women
글로벌여성기금

① 기구

1) 소재지

주　　소	Global Fund for Women 1375Sutter Street, Suite 400 San Francisco, CA 94109 USA
전　　화	+1 415 202 7640
팩　　스	+1 415 202 - 8604
전자우편	gfw@globalfundforwomen.org
홈페이지	http://www.globalfundforwomen.org

2) 설립연혁

글로벌여성기금(GFW: Global Fund for Women)은 1987년에 설립되었다. GFW는 여성에게 경제적 기회와 독립, 교육을 지원하고, 반대로 여성폭력을 근절하며, 여성의 정치참여를 강화하는 등 여성이슈를 다루는 미국 밖의 여성 인권 단체를 홍보, 지지, 강화하기 위해 보조금을 조성한다.

3) 설립목적

정의와 여성의 경험에 대한 가치를 인정하는 데 그 근간을 둔 세계 여성운동의 일부분으로서, 여성이 사회·문화·종교·전통, 국가 등에서 겪고 있는 문제들을 해결하도록 하는 데 GFW의 설립목적이 있다고 할 수 있다.

4) 주요사업

- 젠더를 근간으로 한 폭력근절과 평화구축
- 경제적·인권적 정의 확보
- 건강과 성보건 권리 증진
- 시민과 정치적 참여의 확대
- 교육으로의 기회 확대

② 정보원

1) 정보배포정책

GFW의 정보원은 'Press Center'와 'Publications'으로 구분되어 있다. 'Press Center'에는 GFW의 보도자료를 열람할 수 있고, 'Fact Sheet'를 PDF 파일로 다운받을 수 있다. 또한 짧은 동영상도 제공되고 있다. 'Publications'의 모든 자료는 무료로 열람이 가능하다.

2) 정보자료

① Press Center

'Press Kit', 'GFW News', 'Press Releases', 'Grantee News'로 나뉘어 보도자료를 정리해 두고 있다. 위에서 언급한 바와 같이 이외에 'Fact Sheet'와 동영상도 제공하고 있다. GFW의 'Press Center'는 비교적 그 정리가 잘 되어 있어 관련 보도자료를 열람하기가 용이하다.

② Publications

GFW의 'Publications'는 'Reports', 'Newsletters', 'Other Resources'로 나뉘어 있다. 'Newsletter'는 2000년부터 발간된 자료가 모두 수록되어 있다. 'Reports'의 대표적인 목록은 다음과 같다.

- Annual Report
    - *Cultivating Community*(커뮤니티 계발)
    - *Investing in Women: Beyond the Rhetoric*(여성으로의 투자)
- Impact Report
    - *Caught in the Storm: The Impact of Natural Disaster*(폭풍에 갇히다: 자연재앙의 영향)
    - *What Girls Need to Grow: Lessons for Social Change Philanthropy*(소녀들이 성장하는 데 필요한 것들: 사회변화 자선사업의 교훈)
    - *More than Money: Strategies to Build Women's Economic Power*(돈보다 더 필요한 것: 여성의 경제력 구축을 위한 전략)

- Strategic Plan
  - *Daring to Lead: A Bold Plan to Advance Women's Rights*

Global Rights

글로벌라이츠

① 기구

1) 소재지

주 소	1200 18th Street NW, Suite 602 Washington, DC 20036
전 화	+1 202 822 4600
팩 스	+1 202 822 4606
전자우편	HumanRights@hrlawgroup.org
홈페이지	http://www.hrlawgroup.org

2) 설립목적

글로벌라이츠(Global Rights)는 세계의 전 지역에 사무실을 두고 있는 인권옹호단체로서 지역 활동가들이 변화에 영향을 줄 수 있는 증명된 전략을 통해 사회를 구현할 수 있도록 돕는 데 그 목적이 있다. 또한 Global Rights는 전 세계적으로 인권의 기본원리를 바탕으로 한 정의로운 사회구현에 비전을 두고 있다.

3) 주요사업

Global Rights는 여성인권을 증진시키고 인종차별, 민족차별 그리고 성차별에 대항하는 프로그램을 운영한다. 사업추진 프로그램은 다음과 같다.

- 인권남용의 희생자를 위한 정의를 추구한다.
- 인종평등과 젠더평등을 증진시키는 활동을 한다.
- 아시아, 아프리카, 남아메리카, 유럽, 미국에 있는 현지사무소에서 인권남용에 대한 각 지역의 인권 옹호운동의 효과를 강화시키고자 한다.
- 인권관련 사항들을 다루는 활동에 관한 기술을 개발하고 정의를 증진시키는 일에 중점을 둔다. 이를 위해서 인권남용에 관한 사례를 공개하고 서류화하며, 커뮤니티 교육을 실행하고, 법적 그리고 정책적 개정을 위해 노력한다.
- 좀 더 많은 인권 문제를 다루기 위해 유엔 등을 포함한 국제 커뮤니티와 지역 활동가들이 연계하도록 돕는다.

② 정보원

1) 정보배포정책

Global Rights의 정보원은 크게 'Newsroom'과 'Publication'으로 나눌 수 있다. 모든 정보가 홈페이지상에서 이용가능하다.

2) 정보자료

① Newsroom

세계 인권과 관련한 기사, 보도내용, 연설문 등이 다음의 카테고리로 나뉘어 정리되어 있다. 기간별로 내용이 업데이트되며 모두 링크로 연결되어 있다.

- Global Rights in the News

  유명 저자의 인권관련 보도 및 신문기사 내용을 볼 수 있으며, 저자의 이력도 같이 링크되어 있다. 매달 업데이트되지는 않으나, 월별로 잘 정리가 되어 있다.

- Press Release

  Global Rights에서 작성한 내용을 PDF 파일로 다운받아 열람할 수 있다.

- Statements

  주로 유엔과 관련된 인권연설들을 열람할 수 있다.

- Stories from the Filed

  Global Rights 현지 지역사무소 프로그램과 관련한 일종

의 보고서를 게재하고 있으며, 대표적인 보고서는 다음
과 같다.

- *Global Rights Afghanistan Program in Action*
- *Brazil Takes Next Steps Toward Equal Oopportunity for All*
- *Partner Profile: Saudatu Shehu Mahdi, Women's Rights Advocacy Protection Alternative, Nigeria*

② Publications

홈페이지 왼쪽 하단부분 또는 'Newsroom'의 리스트 제일
마지막에 링크되어 있다. 지역별 그리고 주제별로 분류되어
있으며, 모든 자료의 원문열람이 가능하다. 대표적인 출판물
은 다음과 같다.

- *Global Rights Annual Report*

  Global Rights의 연간 정기 보고서

- *Voices*

  Global Rights에서 발간하는 인권관련 정기간행물

- *S.O.S. Justice Report*

  특정 국가의 인권 및 정의에 관한 Global Rights의 평가
  보고서

- *Affirmative Action Report*

  2004년 Organization of American States 총회의 요구에
  따라 Global Rights가 발표한 차별철폐조처에 관한 보고서

- 국가별 보고서

  - *Africa: Ending Congo's Nightmare: What the U.S. can*

Do to Promote Peace in Central Africa(October 2003)

- *The Americas: The Right to Education in the U.S.: A Plan for Action*(November 2004)

- *Asia: Guide to Criminal Law in Cambodia*

- *Europe: Shadow Report on the Implementation of CEDAW and Women's Human Rights in Bosnia and Herzegovina* (January 2004)

- *Middle East/North Africa: The Challenge of Implementing Morocco's New Personal Status Law*(September 2004)

• 주제별 보고서

  - *Human Rights Lawyering: Promoting Justice: A Practical Guide to Strategic Human Right Lawyering*

  - *Human Trafficking: Publications and Resources from Global Rights' Initiative Against Trafficking*

  - *Women's Rights: Promoting Women's Human Rights: A Resource Guide for Litigating International Law in Domestic Courts*

HREA

Human Rights Education Associates

인권교육연합

① 기구

1) 소재지

주　　소	PO box 382396 Cambridge, MA 02238－2396 USA
전　　화	+1 978 341 0200
전자우편	donations@hrea.org
홈페이지	http://www.hrea.org

2) 설립목적

인권교육연합(HREA: Human Rights Education Associates)은 국제적인 NGO로서 인권교육, 단체 활동가 및 전문가 훈련, 인권교육 자료와 프로그램의 개발, 온라인을 통한 인권교육 커뮤니티 구축 등을 지원하고 있다. 인권을 보호하는 데 필요한 인권에 대한 이해와 자세, 실천 등을 촉진하는 교육과 훈련, 그리고 평화롭고 자유로우며 정의가 넘치는 공동체를 육성하는 것을 목적으로 한다.

3) 주요사업

- 커리큘럼 교재의 개발 지원
- 전문가 집단의 훈련
- 연구와 평가
- 조직 개발
- 인권교육 관련 자원과 전문가들의 네트워킹

② 정보원

1) 정보배포정책

HREA의 정보원은 크게 'Publications'와 'Resource Center'로 나뉜다. 자료들은 대부분 온라인상으로 열람이 가능하고, 간혹 텍스트(text)만을 지원하는 경우가 있는데, 그 경우 '*' 표시로 구분을 하고 있다.

2) 정보자료

① Publications
  총 5개의 카테고리하에 다음과 같은 내용들을 볼 수 있다.
- Education and Training Materials(교육자료)
  - *Popular Education for Human Rights: 24 Participatory Exercises for Facilitators and Teachers*
  - *Human Rights Education Resource Book*

- *An Annotated Primer for Selecting Democratic and Human Rights Education Teaching Materials*
- Programme Development(프로그램 개발)
  - *Manual on Street Law－Type Clinics at Law Faculties*
  - *The Role of Education in Juvenile Justice in Eastern Europe and the Former Soviet Union*
  - *Fighting Corruption through Education*
- Research and Evaluation(연구조사 및 평가)
  - *Evaluation in the Human Rights Education Field: Getting Started*
  - *Case Studies in Human Rights Education: Examples from Central and Eastern Europe*
  - *Preparing for the Future: Citizenship Education in Latin America*
- Recent Articles, Papers, Presentations(최근기사, 논문, 발표문)
  - *Felisa Tibbitts, Universities and Human Rights Education: Mapping Growth and Opportunities Worldwide. Presentation Prepared for Norwegian Human Rights Centre,* Oslo, 16 November 2006.
  - *Felisa Tibbitts, What it means to have a "School－based Approach to Human Rights Education" and A "Human Rights－based Approach to Schooling"*(Article 26, October 2005)
  - *Felisa Tibbitts, Transformative Learning and Human Rights*

Education: Taking a Closer Look(Intercultural Education,
(2005), 16(2). London: Routledge)
- *Jessamyn Waldman, The Importance of Collaboration:*
  How You Can Support the School for Human Rights
  (Article 26, October 2005)
- *Frank Elbers, Using New Media and Information*
  Technologies in Human Rights Education, Amnesty Interna
  tional Human Rights Education Newsletter, Issue 13:
  March/April 2005.
- *Frank Elbers, Die Dekade für Menschenrechtsbildung der*
  Vereinigten Nationen, 1995 – 2004: Erfahrungen und
  Herausforderungen. Presentation [in German] at the
  Conference "No Rights without Education – No Education
  without Rights: The United Nations World Programme for
  Human Rights Education", Berlin, 17 March 2005.
- *Felisa Tibbitts, Literature Review on Outcomes of School –*
  Based Programs Related to Learning To Live Together
  (Geneva: UNESCO International Bureau of Education, 2005)
- *Information for Human Rights(November 2004). Eumap.org*
  and HREA Published a Feature on the most Topical and
  Important Issues Regarding Information and Human
  Rights. This Feature Consists of Two Parts. The First Part
  Focuses on the World Summit on the Information
  Society(WSIS). The Second Part is Dedicated to Case –
  studies on Specific uses of Information to Defend and

114

Promote Human Rights and Public Interest Issues Around the Globe.

- *Frank Elbers, Using New Media and Information Techno logies in Human Rights Education: Recommendations for Amnesty International. Paper presented Amnesty International's Human Rights Education Strategy Meeting,* London, 16 – 18 September 2004.

- *Felisa Tibbitts, A Second Decade of Human Rights Education, Fourth R, Volume 14, No.1, Summer 2004.*

- *Frank Elbers, The Global Human Rights Education Network. Presentation at the International Human Rights Training Program,* Montreal, June 2004.

- *Felisa Tibbitts, Formal Human Rights Education; Human Rights Education in School Curricula. Presentation at the OSCE Supplementary Human Dimension Meeting on Human Rights Education and Training,* Vienna, 25 – 26 March 2004.

- *Felisa Tibbitts, The Role of Human Rights Education in the Process of Global Social Change. Presentation at the International Human Rights Training Program,* Montreal, June 2003.

- *Felisa Tibbitts, Emerging Models of Human Rights Education,* Issues of Democracy, March 2002.

- *Frank Elbers, Training Methodologies: Learning Human Rights On – line,* Coyote, No.5, January 2002.

- *Felisa Tibbitts, Prospects for Civic Education in Transitional Democracies: Results of an Impact Study in Romanian Classrooms,* Paper presented at Comparative International Education Society Conference, 14－18 April, 1999, Toronto, Canada.
- *Felisa Tibbitts, "Planning for the Future: Human Rights in Schools" in: Handbook for Helsinki Committees*(Vienna: International Helsinki Federation for Human Rights, 1995).
- *Felisa Tibbitts, Human Rights Education in Schools in the Post－Communist Context,* European Journal of Education, Vol.29, No.4, 1994.

HRW

Human Rights Watch
인권감시기구

① 기구

1) 소재지

주　　소　　Human Rights Watch 350 Fifth Avenue, 34th Floor New York, NY 10118－3299

전　　화　　+1 212 290 4700
팩　　스　　+1 212 736 1300
전자우편　　hrwnyc@hrw.org
홈페이지　　http://www.hrw.org

2) 설립연혁

1978년 소비에트 권역 국가들이 헬싱키 협약(Helsinki Accord)의 인권 조항들을 준수하는지 감시하기 위한 헬싱키워치(Helsinki Watch)로 시작되었다. 1980년대에 들어 중앙아메리카의 전쟁에서 한쪽의 인권침해가 다른 쪽의 인권침해보다 나쁘지 않다는 주장에 대응하기 위해 아메리카워치(America Watch)가 설립되었다. 그리하여 세계 여러 지역에서 워치(Watch) 조직이 성장했으며, 1988년 마침내 모든 조직이 통합되어 인권감시기구(HRW: Human Rights Watch)가 설립되었다.

3) 설립목적

국제적인 인권 기준들이 모든 사람에게 동등하게 적용되어야 한다고 믿고 정보공개를 통해 시민들과 전 세계가 지켜보는 가운데 인권 침해를 저지르는 정부들을 각성시키는 데 그 목적이 있다. 또한 HRW는 유엔, 유럽연합, 워싱턴과 전 세계 각국의 수도에서 정부 관료들을 만나 정책과 관행의 변화를 촉구한다.

4) 조 직

HRW는 뉴욕에 본부를 두고 있으며, 브뤼셀, 런던, 모스크바,

홍콩, 로스앤젤레스, 샌프란시스코, 토론토, 워싱턴에 사무소를 두고 있다. 집중 조사가 실행되고 있는 지역에 임시 사무소를 두고 있는 경우도 많으며, HRW의 연구원들은 안전 문제가 없는 한 자신들이 다루고 있는 지역을 정기적으로 여행한다. HRW는 전 세계 70개 이상의 나라에서 인권 상황을 점검하고 있다.

5) 주요사업

HRW는 미국에 본부를 둔 가장 큰 인권단체이다. HRW의 연구원들은 전 세계 모든 지역의 인권 침해에 대한 사실 조사를 실행한다. 그에 따른 조사결과를 해마다 많은 책과 보고서를 통해 공개하며, 그것은 지역 및 국제 언론 매체들에 의해 보도된다. 위기상황에서 HRW는 주민들에게 극악한 인권침해를 저지르는 정부에 대한 군사적, 경제적 지원의 철회를 주장하고 현재 진행 중인 분쟁에 대한 최신 정보를 제공한다. HRW 연구원들에 의해 수집, 종합, 확인된 난민 증언들은 코소보와 체츠니아의 최근 전쟁에 대한 국제 사회의 대응을 형성하는 데 도움을 주었다. 이 밖에도 여성 인권, 아동 인권, 무장 세력의 무기 거래에 관한 문제들도 다룬다. 학문의 자유, 기업들의 인권 책임, 국제법, 교도소, 마약, 난민 등에 관한 문제를 다루는 특별한 프로젝트들도 있다. 분쟁에 관련된 모든 당사자들은 HRW의 감시 대상이 된다.

HRW는 후투족과 투치족, 세르비아, 크로아티아, 보스니아계 이슬람교도, 코소보계 알바니아인, 이스라엘과 팔레스타인, 인

도네시아의 섬들과 수단 사막의 기독교인과 이슬람교도, 정부
군과 반군에 의한 인권 침해를 폭로해 왔다. 뿐만 아니라 교도
소 인권, 경찰 폭력, 이민자 감금, 사형 등 미국 내의 인권 침
해도 조사해 왔다.

② 정보원

1) 정보배포정책

HRW의 정보원은 'News Release'와 'Publications'으로 나누어
져 있다. HRW의 정보원 페이지는 방대한 분량의 정보를 포함
하고 있고, 다양하고 많은 정보제공으로 인한 인권보호가 목적
인 만큼 모든 정보가 홈페이지상에서 무료로 제공되고 있다.
여러 국가 언어로 정보를 접할 수 있으며, 한글로 제공되는 정
보들도 있다.

2) 정보자료

① News Release
'The Washington Post' 등의 보도자료(press release)들이
모두 이곳에 모여 있다.

② Publications
'Publication'은 국가별, 지역별, 테마별로 검색이 가능하며,
온라인상에서 직접 볼 수 있는 자료와 PDF 파일로 다운받

을 수 있는 자료들이 있다. PDF 파일은 구입도 가능하게 되어 있다. 가장 최근 보고서 몇 건을 소개하면 다음과 같다.

- ***World Reports***(1993~)

  HRW에서 정기적으로 발간하는 인권보고서이다. 세계 각국의 인권 침해 사례를 규칙적이고 체계적으로 조사하여 해마다 인권보고서를 출판해 왔다. 특히 2006년에는 10쪽에 걸쳐 미국 부시 행정부의 테러방지를 위한 고문과 학대가 인권탄압 정책으로 이어져 인권침해가 세계적으로 확산되었다는 내용을 다루고 있다. 북한 인권에 관한 내용도 5쪽에 걸쳐 다루고 있다.

- ***Paying the Price***

  브룬디에서의 어린이 학대를 다루면서 아동인권 침해를 고발한다.

- ***Keep Your Head Down***

  짐바브웨나 모잠비크 등지에서 남아프리카로의 이주자들에 대한 정부의 탄압을 고발한다.

- ***Ghost Prisoner***

  팔레스타인에서 끌려 온 CIA 감옥에 감금된 감옥수들에 대한 인권탄압을 다루고 있다.

- ***Protest and Punishment***

  인도네시아의 정치범들의 인권에 대한 내용이다.

- ***Narrowing the Impunity Gap***

  보스니아 전쟁과 인권에 대한 내용을 수록했다.

- ***Children in the Ranks***

  네팔 공산당의 소년병에 대한 내용을 고발한다.

- ***Chop Fine***

  나이지리아 지방정부의 부패와 잘못된 경영이 인권에 미
  치는 영향에 대해 논하고 있다.

HRWF

Human Rights without Frontiers International
국경없는인권

① 기구

1) 소재지

주　　소	Human Rights Without Frontiers International Avenue Winston Churchill 11/33 1180 Brussels, Belgium
전　　화	+32 2 3456 145
팩　　스	+32 2 3437 491
전자우편	info@hrwf.net
홈페이지	http://www.hrwf.net

2) 설립목적 및 조직

국제인권단체인 국경없는인권(HRWF: Human Rights without Frontiers International)은 벨기에에 그 본부를 두고 있으며, 중국, 네팔, 미국에 지사를 두고 있다. HRWF은 홈페이지상에서 기구에 대한 별다른 설명을 제공하지는 않지만 인권에 관한 많은 자료를 수록하고 있어 인권관련 자료를 전반적으로 검토하기에 매우 유용하다.

② 정보원

1) 정보배포정책

HRWF의 정보원은 인신매매 및 마약밀매와 관련하여 'Good Practices'와 'Reports', 그 외에 'Policy Papers', 'Reports', 그리고 'Countries'로 나누어져 있다. 특이한 점은 'Shocking Pictures and Videos'에서 3분 정도 분량의 인권관련 영상을 다운받아 볼 수 있다는 점이다. 전체 영상은 주문하여 비디오로 받을 수 있게 되어 있고, 모든 내용이 온라인상으로 무료로 제공되고 있다. 종교의 자유와 관련된 'Special Publications' 부분에는 '벨기에 2002-2003'이란 주제로 벨기에 내에서의 종교의 자유에 관한 인권보고서를 4개 국어의 PDF 파일로 링크해 놓았다.

2) 정보자료

① Good Practices

인신매매 및 마약밀매(trafficking)와 관련된 보도내용을 수록하고 있다. 2007년 4월 현재 홈페이지에 수록된 목록은 다음과 같다.

- *Conference on Preventing Trafficking in Conflict and Post -Conflict Situations*(26 October 2006)(전쟁 중과 전후 인신매매 방지를 위한 회의)
- *The Angel Coalition - The Anti - Trafficking Coalition for Russia and CIS*(2 October 2006)
- *On - the - Record Briefing by Ambassador John R. Miller, Ambassador - at - Large on International Slavery, on Release of the Sixth Annual Trafficking in Persons Report*(25 September 2006)
- *U.S. Department of State - 2006 Trafficking in Persons Report: International Best Practices*(19 July 2006)
- *Toll - free Hotline Service in Ukraine*(11 July 2006)

② Reports under 'No to trafficking in Human Beings and Sexual Exploitation'

지역별 보고서를 수록하고 있다. 대표적인 보고서는 다음과 같다.

- European Parliament(유럽의회)
  Report on Trafficking in Human Beings. Rapporteur MEP

Edit Bauer(October 18, 2006)

- U.S. Department of State(미국국무부)

  Trafficking in Persons Report: Released by the Office to Monitor and Combat Trafficking in Persons(June 5, 2006)

- OSCE(Organization for Security and Cooperation in Europe‒유럽안보협력기구)

  Special Representative on Combating Trafficking in Human Beings

③ Policy Papers

인권 정책 제안 등과 관련한 논문을 수록하고 있다. 대표적인 내용은 다음과 같다.

- ***China: Freedom of Religion and Belief***(2006)(중국: 종교와 믿음의 자유)

- ***The Future of the OSCE from Human Rights Perspective*** (2006)(인권관점에서 본 유럽안보협력기구의 미래)

- ***North Korean Refugees: Lack of International Protection*** (2005)(북한 난민: 국제보호의 부족)

④ Reports

그해에 중요하다고 생각되는 대표적 문제에 대한 인권관련 보고서를 다루고 있다. 최근에 업데이트된 목록은 'NEW'라는 표기가 붙어 있다.

- ***Can Conscientious Objectors Be Good Citizens? A Look at Relationship between Freedom of Conscience and Duty to***

124

the State(2007)

- *North Korean Defectors in South Korea: Survey on Torture Victims*(2006)(한국에 거주하는 북한 탈출자 중 고문희생자에 관한 연구내용)
- *IDPs in Nepal: The Forgotten Victims of the Conflict*(2005) (네팔의 내전으로 인한 내부난민들에 대한 연구내용)
- *North Korean Refugees' Adjustment to South Korean Society* (2004)(한국사회에서 북한인민들의 적응에 대한 연구)
- *Chaldoassyrian Churches in Iraq*(2004)
- *The Chaldoassyrian Community in Today's Iraq: Opportunities and Challenges*(2003)

⑤ Countries

벨기에, 중국, 동티모르, 이라크, 네팔, 북한 등 이렇게 6개국에 대한 HRWF의 연간보고서 및 기타 보고서를 볼 수 있다. 각국별 연간보고서에 대한 세부 내용은 다음과 같다.

- Belgium
  - *Annual Report*: 1999년부터 2005년까지의 매해 보고서를 모두 볼 수 있다.
- China
  - *Amnesty International* 및 *Human Rights Watch*의 *Annual Report*
  - *Reporters Without Borders 2006 Annual Report*
  - *Transparency International 2006 Global Corruption Report*
  - *Refugees International*(2005)

- ***Human Rights in China***(2001, 2002)
- ***Religious Freedom.*** 1999년부터 2006년까지의 매해 보고서를 모두 볼 수 있다.
- ***Tibet: International Resolutions and Political Recognition*** (1959∼2004)
- East Timor

  'Reports on East Timor'의 링크를 따라가면 다음의 보고서를 볼 수 있다.
  - ***2006 International Crisis Group***
  - ***Asia Report: Resolving Timor Leste's Crisis***(동티모르 위기의 해결)
  - ***U.S. Department of State***
  - ***Country Reports on Human Rights Practices: East Timor*** (8 March 2006)
  - ***Trafficking in Persons Report 2006: East Timor***(5 June 2006)
  - ***International Religious Freedom Report 2006: East Timor*** (15 September 2006)
  - ***Human Rights Watch, Amnesty International*** 및 ***Reporters Without Borders***의 ***Annual Reports***
- Iraq

  HRWF에서 직접 출간한 출판물이 있다.
  - ***The Chaldoassyrian Community in Today's Iraq: Opportunities and Challenges***(2003)
  - ***Handbook of Advocacy for Indigenous Peoples***

- Nepal
  - *Human Rights Reports on Nepal*
  - *Internally Displaced Persons in Nepal: The Forgotten Victims of the Conflict*(July 2005)
  - *Authoritarian Rule in a Conflict－ridden country: What Comes Next?* (February 2005)
- North Korea
  - *Religious Freedom.* 2000년부터 2006년까지의 연간보고서를 모두 볼 수 있다.

{❖} human rights *first*

Human Rights First

전 LCHR(Lawyers Committee for Human Rights) 인권 변호사협회

1 기구

1) 소재지

주   소   Human Rights First 333 Seventh Avenue, 13th Floor New York, NY 10001 － 5108

전   화   +1 212 845 5200

팩　　스	+1 212 845 5299
전자우편	feedback@humanrightsfirst.org
홈페이지	http://www.humanrightsfirst.org

2) 설립연혁

인권변호사협회(전 LCHR: Lawyers Committee for Human Rights)는 1978년부터 인류의 정의와 인권의 실현을 위해 법이 어떻게 구성되어야 하는지에 대해 논의하고 문제화하여 왔다. 지역에서 가장 근본적인 개인의 인권을 위해 일하고 있는 활동가들을 지원하고 있다. 현재는 Human Rights First로 그 명칭을 바꾸어 활동하고 있다.

3) 설립목적

Human Rights First는 난민, 인권침해나 차별 등으로 인한 희생자와 같은 위험에 처한 사람들을 보호하기 위해 설립되었다. Human Rights First는 폭력에 대항하여 정의와 책임을 추구하고, 폭력예방을 촉구한다.

4) 주요사업

Human Rights First는 실제적이고 효과적으로 활동한다. Human Rights First는 국제적인 정책제안을 하고 국가 내에서는 상급기관의 인권관련 정책을 바꾸는 데 기여한다. 법원을 통한 정의를 추구하기도 하고 미디어를 통해 인권에 대한 이해

와 인식을 고취시킨다. 또한 Human Rights First는 사람들이
실질적으로 행동하도록 촉구한다.

② 정보원

1) 정보배포정책

Human Rights First의 정보원은 'Issues'과 'Publications'으로
나뉜다.
'Issues'는 홈페이지 오른쪽 상단부분에 있는 'Choose Issue'라
는 메뉴를 통해 직접 주제별로 홈페이지에서 관련된 글을 바로
읽을 수 있게 되어 있다. 'Publication' 페이지로 이동하면 방대
한 분량의 출판물을 볼 수 있다. 페이지 이동 시 팝업창이 뜨
고, 가장 최근 출판물들의 목록을 볼 수 있게 되어 있다. 또한
홈페이지 오른쪽 상단부분의 'Publication' 메뉴 아래에 있는
'New Reports'를 클릭하면 바로 PDF 파일로 원문이 링크되어
열람이 가능하도록 되어 있다.
대부분의 출판물은 유료지만, 'New Report'들은 무료로 볼 수
있다. 유료인 경우에도 출판물마다 'Executive Summary(개요)'
가 제공되어 각 출판물에 대한 요약내용 정도는 홈페이지상에
서 볼 수 있다.

2) 정보자료

① Issues

총 17개의 인권관련 주제에 대한 내용이 실려 있다. 각 주제별 단문들, 최근 보도자료, 프로그램 내용들이 정리되어 있다.

- *Alien Tort Claims Act*
- *Antisemitism*(반유대주의)
- *Asylum in the U.S.*
- *Business & Human Rights*
- *Civil Liberties Post 9/11*
- *Cuba: Rights Crisis*
- *Detention of Asylum Seekers in the U.S.*
- *Discrimination*
- *Enemy Combatants/Guantanamo Detainees*
- *HOPE for Darfur*
- *Human Rights Defenders Cases*
- *International Criminal Court(ICC)*
- *International Human Rights Monitoring*
- *Military Commission*
- *Sierra Leone: The Special Court*
- *Torture*
- *Zimbabwe*

130

② Publications

두 가지 범주로 출판물이 정리되어 있으며, 대표적인 출판
물은 다음과 같다.

• *Publications by Region*

[Africa]

- *Crisis in the Crossroads: A Report on Human Rights in South Africa*(남아공 인권 보고서)

- *Nigerian Police Force: A Culture of Impunity*(나이지리아 경찰 폭력: 형벌의 문화)

[Asia]

- *Cambodia: The Justice System and Violations of Human Rights*(캄보디아: 사법체계와 인권유린)

- *In the Name of Development: Human Rights and the World Bank in Indonesia*(개발의 이름으로: 인도네시아에서의 인권과 세계은행)

[Europe/Central Asia]

- *Antisemitism in Europe: Challenging Official Indifference*(유럽의 반유대주의: 공인된 무관심에 대한 도전)

- *At the Crossroads: Human Rights and the Northern Ireland Peace Process*(갈림길에서: 인권과 북아일랜드의 평화과정)

[International]

- *Business and Human Rights: An Interdisciplinary Discussion Held at Harvard Law School*(비즈니스와 인권: 하버

드 법과대학원에서 열린 학제적 토론)

- *Everyday Fears: A Survey of Violent Hate Crimes in Europe and North America*(일상의 두려움: 유럽과 북아메리카에서의 폭력 혐오 범죄에 대한 조사)

[Latin America/Caribbean]

- *Abandoning the Victims: The UN Advisory Service Program in Guatemala*(희생자 유기: 과테말라에서의 유엔 고문(advisory) 업무 프로그램)

- *El Salvador: Human Rights Dismissed: A Report on 16 Unsolved Cases*(엘살바도르: 인권이 잊히다: 16개의 미결권에 대한 보고서)

[Middle East/North Africa]

- *Asylum Under Attack: The Protection of Iraqi Refugees and Displaced Persons One Year After the Humanitarian Emergency in Iraq*(공격을 받고 있는 수용소: 이라크에서의 인도주의적 비상사태 1년 후의 이라크 난민들과 유민 보호)

- *Beset by Contradictions: Islamization, Legal Reform and Human Rights in Sudan*(모순에 시달리다: 수단의 이슬람화, 법률 개정 그리고 인권)

[United States]

- *Assessing the New Normal: Liberty and Security for the Post-September 11 United States*(새로운 상태의 평사: 미국의 9/11 사태 이후의 자유와 안보)

- *Human Rights and U.S. Foreign Policy Reports and Recommendations, 1992*(인권과 미국의 외교정책에 관한 보고 및 제안, 1992)

- Topic Lists

위와 같이 지역별로 구분 지었던 출판물을 주제별로 다시 나누어 놓았다.

- *Crimes against Humanity*
- *Discrimination*
- *Foreign Policy & International Affairs*
- *Human Rights*
- *Defenders*
- *Law & Security*
- *International Financial Institutions*
- *Refugee Protection*
- *United Nations*

Hurights Osaka
Asia-Pacific Human Rights Information Center
아시아 · 태평양인권정보센터

1 기구

1) 소재지

주　　소	1-2-1-1500 Benten, Minato-ku, Osaka-shi, Osaka 552-0007 Japan
전　　화	+81 6 6577 3578
팩　　스	+81 6 6577 3583
전자우편	webmail@hurights.or.jp
홈페이지	http://www.hurights.or.jp

2) 설립연혁

아시아·태평양인권정보센터(Hurights Osaka: Asia-Pacific Human Rights Information Center)는 국제인권정보의 교류거점을 목표로 오사카부, 오사카시 및 오사카부내 자치체들과 단체들이 협력하여 1994년 7월에 설립하였다. 공익법인으로서의 정식명칭은 재단법인 '아시아·태평양인권정보센터'이며, '휴라이츠 오사카'는 애칭이다. 본 센터가 설립된 이래 2004년에 10주년을 맞이하였다. 2001년 4월에는 UNESCO 인권교육상 명예표창을 받는 등 '인권교육을 위한 유엔 10년'의 추진을 중심으로 국내외의 인권단체와 기관들과의 제휴도 심화하고 일정한 평가와 인식을 얻게 되었다.

3) 설립목적

- 아시아·태평양지역의 인권성장을 도모한다.
- 국제적인 인권신장 및 보장과정에 아시아·태평양지역의 시점을 반영하게 한다.
- 아시아·태평양지역에서의 일본의 국제협력 및 공헌에 인권존중의 시점을 반영하게 한다.
- 국제화 시대에 적합한 인권의식의 고양을 도모한다.

4) 주요사업

아시아·태평양지역의 인권보호 및 신장에 공헌함과 보편적인 국제인권기준의 실현을 목표로 한 인권정보센터로서의 기능을 강화하고 국내외의 기대에 부응하기 위해 정보수집, 조사연구, 연수개발, 홍보출판, 정보상담 서비스 등의 사업을 추진한다.

② 정보원

1) 정보배포정책

아시아·태평양인권정보센터의 정보원은 한글로도 열람이 가능하다. 그러나 한글 페이지의 경우 목록들이 주제별로 나뉘어 있지는 않다. 영문 페이지를 중심으로 보면 'Declarations', 'Human Right Issues', 'Human Rights Education', 그리고 'Special Concerns'에서 'Report' 및 'Publication'을 찾아볼 수 있다. 'Publication Review'라는 곳은 주요 자료를 찾아볼 수가 없으나 'Web-OPAC Resource Collection Search'라는 링크를 따라 들어가면 상세하게 자료검색을 할 수 있다. 온라인상으로 원문보기가 가능하다.

2) 정보자료

① Declarations

아시아·태평양지역과 관련된 인권관련 선언문 및 발표문이 수록되어 있다. 목록은 다음과 같다.

- *Asian Civil Society Forum 2002, UNCC, Bangkok* (December 9 to 13, 2002)
- *Malaysian Human Rights Charter*
- *Neemrana Declaration*
- *Best Practices for National Institutions for Human Rights: Common Action for NGOs and National Human Rights*

Institutions(Concluding Statement, 12 February 1999, Jakarta, Indonesia)

- *Pune Declaration*
- *General Agreement on Networking for Human Rights in the Asia - Pacific Region*
- *Osaka Declaration*
- *Human Rights Statement from Asia*
- *Suiheisha Declaration*
- *The Pacific Charter*
- *Bangkok Declaration on Peace in the Chittagong Hill Tracts (26 February 1997)*
- *The Final Resolution of the Asia - Pacific NGO Human Rights Congress - New Delhi, 6 - 8 December 1996*
- *Conclusions and Recommendations of the Experts Meeting - July 26 - 28, 1995, Osaka, Japan*

② Human Right Issues

주제별·지역별로 많은 분량의 단편 보고서들을 열람할 수 있다. 새로 갱신된 주제나 국가에는 옆에 [updated!]라는 표시가 나타나게 함으로써 새로운 보고서들이 있는 곳을 쉽게 알아볼 수 있도록 하였다. 각각의 단편 보고서의 페이지 맨 하단부분에는 출처가 표시되어 있다. 목록의 일부를 소개하면 다음과 같다.

- *Building the Future with Women: The Challenges of National Reconstruction in Afghanistan*

- *Rights of Women Migrant Workers*
- *Emerging Indigenous Peoples Movement in Indonesia*
- *Collective Rights in Asia*
- *Crisis in the Chittagong Hill Tracts－Bangladesh*(Adilur Rahman Khan)
- *Refugees in Asia: A Human Rights Understanding*(Roque Raymundo)
- *Protecting Foreigners in Japan: Some Proposals*
- *Globalization and Migrant Workers*
- *Migrant Workers and Human Rights*
- *Dalits in Nepal: Story of Discrimination*
- *Conference on Dalit Discrimination*
- *Struggling for Housing Rights in Asian Cities*
- *'Development' in the Mekong Region*
- *Globalization and Human Rights*(Kamol Kamoltrakul, Forum－Asia)
- *The Rights Way to Development*
- *Second Symposium on Human Rights in the Asia－Pacific*
- *Beyond Geopolitics and Geoeconomics: Toward a New Relationship Between Asia and Europe*
- *Malaysian Plantation Workers*(S. Arutchelvan and Mohanaran)
- *Workers' Rights in the Age of Free Trade*
- *A Fight against Kamaiya System: An Experience Review* (Mukunda Raj Kattel)
- *Child Labor in Asia: A Review*(Edelweiss F. Silan)

- *Bangladeshi Child as Camel Jockey: An Inhuman Joke* (Bangladesh Environmental Lawyers Association)
- *Fostering a Culture of Child Participation: The Case of Tsurugashima City*
- *Amending the Juvenile Law in Japan: Ignoring the UN Committee on the Rights of the Child Recommendations*
- *Not Toy Soldiers: Children in Armed Conflicts*
- *Psycho−social Rehabilitation Towards Development*(Tahirih Q. Ayn)
- *Why Psychosocial Activities are Necessary*(Abilio Belo)
- *Violence at Home*
- *Reflections on Women and Violence in Bangladesh*(Saira Rahman)
- *50 Years is Enough*(Sarah Chee−National Security Law Solidarity Campaign, Seoul)
- *National Security Act Conference*
- *Searching for Peace in Aceh*
- *The Comprehensive Agreement on Human Rights and International Humanitarian Law: A Document of Peace and Human Rights*
- *The Trickle−up Approach to Building Peace in Korea*(Karin Lee)
- *Threats to Southeast Asia's Media: An Overview*
- *Asia−Pacific Women's Informatization Networks*(Mylene Soto)
- *The Spirit of our Age and the Realities of our Time: Vienna*

Five Years Later(Clarence J. Dias, International Center for Law in Development)

- *Coalition of Asia and the Pacific Cities Against Racism and Discrimination*

- *Asia Youth Network for Human Development*

- *From Kathmandu to Durban and Beyond*(Kazuhiro Kawamoto)

- *Combating Racism, Racial Discrimination, Xenophobia and Related Intolerance*

- *Human Rights and the 'Asian' Perspective*(Akio Kawamura －HURIGHTS OSAKA)

- *A New Area of Human Rights Work*

- *Rights of Disabled Persons and Japan*

- *Protecting Children Against Trafficking: Southeast Asian Guidelines*

- *South Asian Convention against Trafficking*

- *Are Asian States Ready to Prevent Torture?: Looking at the UN Optional Protocol on Torture*

- *Stigma and Discrimination*

- *AIDS－related Discrimination in Asia*

- *Fighting Stigma and Discrimination against People Living with HIV and AIDS in the Philippines*

- *Building the Future with Women: The Challenges of National Reconstruction in Afghanistan*

- *Living with the Past*

- *A National Human Rights Commission for Bangladesh*(A H

Monjurul Kabir)

- ***Bangladeshi Child as Camel Jockey: An Inhuman Joke***
  (Bangladesh Environmental Lawyers Association)
- ***Bhutan: Human Rights in Peril***
- ***Invisible Victims of the Tsunami −Burmese Migrant Workers in Thailand***
- ***Human Rights of Children in Cambodia: Focus on Trafficking***

③ Human Rights Education

인권에 관한 학교교육과 관련한 보고서들이 게재되어 있다. 대표적인 출판물은 다음과 같다.

- ***School −related Programs/Activities(Mainly HURIGHTS OSAKA Activity Reports)***
- ***The Road to Freedom(Justice M.N. Venkatachaliah) Human Rights Education in Southeast Asian Schools: A Report from the Surabaya Workshop May 14 −17, 1998***

④ Special Concerns

총 8개의 주제에 관한 보고서들을 모아 놓았다. 8개의 주제는 다음과 같다.

- ***Culture and Human Rights***
- ***National Human Rights Institutions***
- ***UN Workshops in Asia −Pacific***
- ***Asia −Pacific Forum on National Human Rights Institutions***

- *International Criminal Court(ICC)*
- *ASEAN Human Right Mechanism*
- *Legal Aid*
- *Human Rights Organizations*

ICRW

International Center for Research on Women

국제여성연구센터

1 기구

1) 소재지

주 소	1717 Massachusetts Avenue, NW Suite 302, Washington, DC 20036, USA
전 화	+1 202 797 0007
팩 스	+1 202 797 0020
전자우편	info@icrw.org
홈페이지	http://www.icrw.org

2) 설립연혁

국제여성연구센터(ICRW: International Center for Research on Women)는 1976년에 설립된 민간 비영리 조직으로 인도의 사무실과 함께 워싱턴 D.C에 기반을 두고 있다.

3) 설립목적

여성의 권리를 증진시키고, 남녀평등을 촉진시키며 개발도상국에서의 빈곤퇴치에 힘쓰는 것이 ICRW의 목적이다.

4) 주요사업

- 여성의 경제력 증진
- 여성과 소녀들의 HIV/AIDS 예방
- 모자보건 확보
- 청소년기 소녀들의 더 나은 삶을 위한 선택의 자유 창조
- 여성의 영양섭취 및 농업정보와 기술에의 접근을 넓힘으로써 영양실조 및 기아 감소
- 여성에 대한 폭력 근절

② 정보원

1) 정보배포정책

ICRW의 정보원은 'Press Center'와 'ICRW Publications'로 나뉘어 있다. 'Press Center'는 'News', 'Fact Sheets', 'Press Releases', 'Speeches'로 나누어지고, 'ICRW Publications'는 'Publication'과 'Library'로 나누어진다. 직접 구매가 가능하고, 카탈로그도 제공된다. 홈페이지상에서 원문 열람이 가능하다.

2) 정보자료

① Press Center
- News

  ICRW에서 내보내는 뉴스를 볼 수 있다. 매일매일의 뉴스는 아니지만, 단문으로 된 전문적 내용을 다루고 있다. 원하는 월별로 뉴스를 정리해서 볼 수도 있다.
- Fact Sheets

  다음의 주제에 관한 짧은 보고서들을 PDF 파일로 다운받을 수 있다.
  - *Women and HIV/AIDS-related Stigma*(여성 그리고 에이즈 관련 증상)
  - *Women and HIV/AIDS: Know the Issues, Know the Facts*(여성과 에이즈: 문제와 사실을 알라)
  - *Child Marriage as a Development Problem*(개발 문제로

서의 미성년결혼)

- ***Child Marriage and Poverty***(미성년결혼과 빈곤)
- ***Child Marriage by the Numbers***(기계적인 미성년결혼)

• Press Releases

ICRW의 보도내용이 담겨 있다. 2003년부터의 기사들을 볼 수 있다.

• Speeches

2000년부터 ICRW의 전문가들의 연설이 열람가능하다.

② ICRW Publications

• Publications

'Drop-down' 방식의 검색항목에서 다음의 주제하에 출판물을 PDF 파일로 볼 수 있다. 출판물의 일부를 다음과 같이 소개한다.

[Adolescence]

- ***How to End Child Marriage: Action Strategies for Prevention and Protection***(미성년결혼이 사라지게 하는 법: 예방과 보호를 위한 행동 전략)
- ***Success on the Ground: Reducing Child Marriage***(현장에서의 성공: 미성년결혼 줄이기)
- ***Improving Adolescent Lives through an Integrated Program: The DISHA Program in Bihar and Jharkhand, India***(통합 프로그램을 통한 청소년의 삶 증진시키기: 인도 Bihar와 Jharkhand의 DISHA 프로그램)

[Democracy and Governance]

 - *Panchayat Involvement on Violence against Women*(여
   성에 대한 폭력과 '5인회의')
 - *Gender Equity and Peace-Building from Rhetoric to
   Reality: Finding the Way*(미사여구에서 현실로의 양성
   평등과 평화구축: 방법을 찾아서)
 - *Promoting Gender Equity in the Democratic Process:
   Women's Paths to Political Participation and Decision-
   making*(민주주의 과정에서의 양성평등 촉진: 정치적
   참여와 의사결정으로의 여성이 나아가야 할 길)

[Environment]

 - *Appropriate Technology and Sustainable Development:
   A Research Study in El Salvador*(적합 기술과 지속가
   능한 발전: 엘살바도르 연구논문)
 - *Appropriate Technology and the Challenge of
   Sustainable Development*(적합 기술과 지속가능한 발
   전에 대한 도전)
 - *Women, Forests, and Community Development: Reason
   for Hope in Amazonia*(여성, 숲, 그리고 커뮤니티 개
   발: 아마조니아의 희망에 대한 이유)

[HIV/AIDS]

 - *Was the 'ABC' Approach*(Abstinence, Being Faithful,
   Using Condoms) *Responsible for Uganda's Decline in
   HIV?* ('ABC' 접근법(금욕, 신념, 콘돔사용)이 우간다
   에서 에이즈를 줄이는 데 효과적이었나?)

- *HIV/AIDS Stigma: Finding Solutions to Strengthen HIV/AIDS Programs*(에이즈 증상: 에이즈 프로그램 강화를 위한 방안 찾기)
- *Current Research and Good Practice in HIV and AIDS Treatment Education*(에이즈 치료 교육에 관한 현재 연구와 모범사례)

[Human Rights]

- *A Rights-Based Approach to Realizing the Economic and Social Rights of Poor and Marginalized Women*(가난하고 소외된 여성의 경제권과 사회권리 실현을 위한 권리중심의 접근법)
- *Too Young to Wed: Education and Action Toward Ending Child Marriage: Advocacy Toolkit*(결혼하기에는 너무 어린: 미성년결혼을 사라지게 하기 위한 교육과 실천)
- *Female Genital Cutting: Breaking the Silence, Enabling Change*(여성 할례: 침묵을 깨고 변화를 가능하게)

[Nutrition and Food Security]

- *Improving the Food Security of AIDS-affected Households in Rural Uganda*(우간다 시골의 에이즈 피해 가정의 식품 안전 증진시키기)
- *A Leadership Strategy for Reducing Hunger and Malnutrition in Africa: The Agriculture Nutrition Advantage*(아프리카에서 굶주림과 영양실조를 줄이기 위한 리더십 전략: 농업 영양 이익)

- *A Women - centered Approach to Resolving Micronutrient Deficiencies*(미량영양소 결핍을 해결하기 위한 여성중심 접근법)

[Policy and Advocacy]

- *The Global Fund to Fight AIDS, Tuberculosis and Malaria: Strengthening Civil Society Participation and Gender Expertise*(에이즈, 결핵, 말라리아 퇴치를 위한 글로벌 펀드: 시민사회 참여와 젠더 전문성 강화시키기)
- *Parliamentarians for Women's Health*(여성 건강을 위한 의회)
- *Toward Achieving Gender Equality and Empowering Women*(젠더 평등과 여성 권리부여 획득을 위하여)

[Poverty Reduction]

- *Gender and Time Poverty in Sub - Saharan Africa* (사하라 이남 아프리카의 젠더와 시간 부족 현상)
- *Trading Women's Health & Rights: Trade Liberalization and Reproductive Health*(여성 건강과 권리 매매: 통상 자유화와 모자보건)
- *Micro - Credit, Poverty and Empowerment: Linking the Triad*(무담보 소액대출, 빈곤, 권리부여: 이 세 가지를 연결시키기)

[Reproductive Health and Population]

- *Combining Research Rigor and Participatory Evaluation* (연구의 준엄함과 참여 평가의 결합)
- *Women's Empowerment as a Variable of International*

148

Development(국제 개발 변수로서의 여성의 권리부여)

- *Development Initiative on Supporting Healthy Adolescents(DISHA)*(건강한 청소년 지원을 위한 개발 이니셔티브)

[Violence against Women]

- *Physical Spousal Violence Against Women in India: Some Risk Factors*(인도의 여성에 대한 신체적 결혼 폭력: 위험요소들)

- *Gender Based Violence and HIV/AIDS in Cambodia: Links, Opportunities and Potential Responses* (캄보디아의 젠더 폭력과 에이즈: 관련성, 기회, 잠재적 반응)

- *Domestic Violence in India: A Summary Report of Three Studies*(인도의 가정폭력: 세 가지 사례연구에 대한 요약 보고서)

- Library

'Electronic Resources'와 'Library Catalog'로 나누어져 있다. 'Library Catalog'에서는 키워드입력을 이용한 찾아 보기를 통해 원하는 출판물을 찾을 수 있다. 'Electronic Resources'에서는 방대한 분량의 내용이 다음의 분류에 따라 정리되어 있다.

- Reference Resources

- Statistics

- Journals and Reports

- Web Links

- Other Libraries

- Communications and Development Resources

ILO
International Labor Organization
국제노동기구

1 기구

1) 소재지

주 소	4 Route Des Morillons, 1211 Geneva 22, Switzerland
전 화	+41(0) 22 799 6111
팩 스	+41(0) 22 798 8685
전자우편	ilo@ilo.org
홈페이지	http://www.ilo.org

2) 설립연혁

국제노동기구(ILO: International Labor Organization)는 1919년 베르사유 평화회의에서 국제연맹 산하 독립기구로 설립되어, 1946년 UN 전문기구로 편입되었다.

3) 설립목적

세계노동자의 노동조건을 개선함으로써 사회발전과 세계평화에 기여하는 것이 본 기구의 설립목적이다.

4) 주요사업

- 기본 인권 향상, 생활수준 향상, 근로조건 개선 등을 위한 국제 정책과 프로그램 개발
- 국제 노동 기준 마련과 적용 감독
- 국제 기술협력을 위한 포괄적인 프로그램 개발
- 위의 사업 추진을 돕는 훈련, 교육, 연구, 출판 활동

5) 조　직

- 회원국: 177개국(2004년 10월 현재)
- 총　회: 노·사·정 3자 대표로 구성, 협약 및 권고 심의·채택, 회원국 가입 승인, 예산 및 분담금 결정
- 이사회: 노·사·정 대표 56명(임기 3년)으로 구성, 총회 및 기구운영에 관한 사항 토의

6) 한국과의 관계

한국은 1991년 12월 9일 ILO에 가입하였다. ILO 가입 이전에도 제68차(1982년) ILO 총회부터 공식 옵서버(observer)로 참가하여 왔다.

② 정보원

1) 정보배포정책

ILO의 홈페이지는 메뉴들을 한눈에 파악하기 어려운 구조로 되어 있으므로 'Site Map'을 이용해 필요한 항목으로 이동하는 것이 편리하다. 'Site Map'을 보면, 'Information Resources' 섹션을 통해 정보원을 소개하고 있는데, 'Public Information', 'Publications', 그리고 'Information Services Network and ILO Databases' 등의 항목으로 이루어져 있다. 출판물의 경우 대부분 유료로 원문을 제공한다.

2) 정보자료

① Public Information

'Public Information'은 'Department of Communications'의 페이지에 나와 있으며 보도자료, 연설문, 행사 일정 등의 일반 대중을 위한 정보원들이 제공되어 있다. 세부항목은 다음과 같다.

• Press Releases

1995년부터 현재까지의 보도자료, 2003년부터 현재까지의 Featured Articles(기획 기사), 2004년부터 현재까지의 i-News, 1999년부터 현재까지 각종 행사에서의 사무총장 연설, 성명을 모은 Director-General's Statements 등으로 이루어져 있다. 각 기사를 클릭하면 원문이 제공된다.

152

- Fact Sheets

아프리카의 빈곤, 청소년 고용, 이주민 노동, 소규모 광업, 사회 보장 등 ILO 관련 이슈들에 대한 객관적인 정보 책자이다. 각 주제를 클릭하면 PDF 형식으로 원문이 제공된다.

- World of Work Magazine

ILO의 공식 문헌은 아니지만, 'Department of Communications'는 일 년에 세 번 발행하는 연속간행물이다. 'Articles On－line'난에서 현재 홈페이지에 게재되어 있는 기사들을 보거나, 'Print Edition'난에서 PDF 형식의 원문을 볼 수도 있다. 지난 호도 검색해서 볼 수 있다. 독일, 핀란드, 스웨덴, 일본, 덴마크 등의 지역판도 'Regional Edition'에 제공되어 있다.

그 밖에도, 'ILO on the Air' 섹션에서는 지난 2001년부터 현재까지 CNN이나 Euronews 등이 방송한 ILO 관련 비디오 영상의 목록이 제공되고, 'Events & Campaigns' 섹션에서는 최근 ILO 행사 일정을, 'Photo Gallery'에서는 사무총장의 사진 목록을 볼 수 있다. 이 목록은 어디에(where), 무엇을 하는(what), 누구(who)의 항목에 따라 원하는 사진을 검색할 수 있게 되어 있다. 또한 ILO 관련 출판물이나 기사를 작성하는 언론인, 방송국, 기관이 전자우편을 통해 이용 허가를 요청하면 사진을 이용할 수 있다.

② Publications

ILO 출판물은 노동과 고용 관련 주제들에 대한 대중의 인식을 높이기 위해 단행본, 보고서, e-book, 훈련교재, CD-ROM, 비디오 등의 다양한 형태로 제작된다.

'Sitemap'을 통해 'Publications' 페이지로 이동하면, 신간 정보와 함께, 다양한 출판물 검색 방법과 주문 방법, 출판물 목록과 지역별 출판물 등의 항목이 나타난다. 'How to Order' 항목에 자세히 나와 있듯이 대부분의 출판물이 유료로 제공되며, 쇼핑카트 시스템을 이용하여 구입 신청을 할 수 있다. 구체적인 항목은 다음과 같다.

- How to Order

  쇼핑카트를 이용한 구입방법, ILO 출판물을 취급하는 서점 및 배급기관에 대한 문의처, 출판물 판매 문의처, 그리고 통상관련 출판물이나 학술지의 검토를 위한 복사 신청 문의처, 인용 및 재생산 관련 규정 등에 관한 정보가 나와 있다.

- Titles Alphabetically & Titles by Subject

  'Titles Alphabetically'는 출판물 목록을 알파벳순으로 제공하고, 'Titles by Subject'는 주제별 출판물 목록을 제공한다. 각 주제를 클릭하면 해당하는 출판물 목록이 나타난다. 주제 분류는 다음과 같다.

  - Child Labour

  - Employment

  - Gender Issues and Women at Work

  - International Institute for Labour Studies

- Labour Issues
- Director General Reports
- Migration
- Labour Statistics
- Management and Training
- Microfinance
- Social Protection
- Occupational Safety & Health and Working Conditions
- Construction
- Crisis and Reconstruction
- Maritime
- Reference
- Sectoral Activities
- International Labor Conference Reports

- Online Catalogue in PDF Format & ILO Insight

  'Online Catalogue in PDF Format'은 전체 목록을 제공한다. 더욱 자세하고 체계적인 목록 서비스를 원한다면 'ILO Insight'를 이용하면 된다. 천 권이 넘는 ILO 정보원을 보유하고 있는 'E-collection'는 유료서비스이지만, 30일 무료 시험 서비스를 이용할 수도 있다.

- Publications Available Online

  온라인 원문이 제공되는 출판물 목록이며 이용 시 가격이 부가된다.

- Subscriptions

  Bulletin of Labor Statistics 등의 ILO의 연속간행물을

구독하고 싶다면, 'Subscriptions'를 선택하여 원하는 연속간행물을 쇼핑카트에 추가하면 된다.

- Reproduction and Translation Rights(How to Order 항목의 하위 메뉴)

  ILO 출판물의 인용과 재생산에 관련 규정의 정보를 이용하려면, ILO 홈페이지에서 배포하는 허가 요청 양식을 기입하여 다음의 주소로 보내야 한다. 구체적인 신청양식 항목과 규정에 대해서는 홈페이지를 참고하면 된다.

  주　　소 : Bureau of Publications, Rights and Permissions, International Labour Office, CH-1211 Geneva 22, Switzerland

  홈페이지 : http://www.ilo.org/public/english/disclaim /reqpubl.htm

- Special Offers

  할인가로 제공하는 출판물 목록이다.

③ Information Services Network and ILO Databases

  'Sitemap'에서 'Information Services Network and ILO Databases' 항목을 클릭하면 'ILO Library'로 이동한다. ILO 도서관은 다양한 데이터베이스를 보유하고 있다. 그중 대표적인 데이터베이스는 다음과 같다.

- CISDOC

  법률과 규정, 화학물 안전에 대한 데이터, 훈련자료, 학술지 기사, 단행본, ILO 회의 문헌 등 근로건강과 안전에 대한 약 50,000건의 서지정보를 갖추고 있다.

- ILOLEX

국제노동기준에 대한 데이터베이스로, 약 75,000여 건의 ILO 문헌 원문을 보유하고 있다.

- KILM

노동시장의 주요 지표에 대한 데이터베이스이다.

- Labordoc

고용 및 근로에 대한 정보원 목록이다. 약 350,000여 건의 단행본, 학술지 기사, 보고서, 그리고 ILO 출판물 원문도 상당수 제공된다.

- Laborsta

경제활동인구, 고용, 실업, 임금 등의 지표를 포함하고 있는 노동 통계 데이터베이스이다.

- NATLEX

노동, 사회보장 등의 국가법에 대한 정보를 볼 수 있다. 일부 원문도 제공한다.

위의 전체 데이터베이스는 아래와 같은 주제 분야로 분류되어 있다. 각 주제를 클릭하면 해당 데이터베이스 목록이 나타난다. 이들 중 상당수는 외부 데이터베이스이므로 사용할 수 없는 것도 있다.

- Country and Regional Information
- Labour Legislation
- Labour Statistics
- Occupational Safety
- Social Security
- Terminology

- Vocational Training and Rehabilitation
- World of Work
- Library's Electronic Resources

  ILO 도서관이 제공하는 데이터베이스나 정보서비스의 링크 목록으로 대부분 ILO 직원이나 ILO 본부 건물 내에서만 접근이 가능하다.

- ILO Information Around the World

  전 세계 국가의 ILO 기탁도서관 목록이다. 알파벳순에 따라 국가명을 클릭하면 기탁도서관에 대한 정보와 홈페이지 링크가 제공된다. 우리나라에도 기탁도서관이 있다.

3) 한국 내 기탁도서관

① 국립중앙도서관(National Library of Korea)

주   소 서울 서초구 반포동 산 60-1(137-702)

전   화 02 535 4132

팩   스 02 590 0530

전자우편 webadmin@mail.nl.go.kr

홈페이지 http://www.nl.go.kr

② 경희대학교 수원캠퍼스 중앙도서관

주   소 경기도 용인시 기흥읍 서천리 1번지 경희대학교 수원캠퍼스 중앙도서관

전   화 031 201 3217, 3174

팩   스 031 204 8111

전자우편 library@khu.ac.kr

홈페이지 http://library.khu.ac.kr

③ 고려대학교

주   소 서울시 성북구 안암동 고려대학교 도서관(136 – 701)

전   화 02 3290 1490

전자우편 libweb@korea.ac.kr

홈페이지 http://library.korea.ac.kr/index.jsp

ILRF

The International Labor Rights Fund

국제노동권기금

① 기구

1) 소재지

주   소   733 15th St., NW #920 Washington, DC 20005 U.S.A.

전   화   +1 202 347 4100

팩　　스	+1 202 347 4885
전자우편	laborrights@igc.org
홈페이지	http://www.laborrights.org

2) 설립연혁

국제노동권기금(ILRF: The International Labor Rights Fund)은 1986년에 노동자들의 권리를 보호하기 위하여 설립된 단체로, 작업 인권을 개선하고 어린이 노동 및 강제노동으로 인한 문제점을 극복하기 위한 다양한 활동을 벌이고 있다. 필요에 따라 노동계와 정부, 기업 등과 적절히 연대하여 활동을 벌인다.

3) 설립목적

ILRF는 모든 노동자들이 안전한 인권에서 일할 권리가 있다고 주장하며, 그것을 기본으로 전 세계 인권기구들 중에서 노동자를 위한 역할을 하는 것을 목적으로 한다.

4) 주요사업

ILRF는 노동인권에 대한 대중인식을 넓히고 증진시키기 위한 캠페인 활동을 벌이고, 노동자들의 인권에 관한 여러 가지 이슈에 대해 연구 분석을 한다. 또한, 세계은행 등과 함께 다양한 프로젝트들을 수행해 왔다.

② 정보원

1) 정보배포정책

ILRF의 정보원은 'ILRF Publications'에서 찾아볼 수 있다. 무료열람이 가능한 목록은 'View'라는 표시가 되어 있고, 그렇지 않은 출판물은 'Order'란 표시가 되어 있다.

2) 정보자료

① Publications

'Reports, Papers, and Speeches', 'Worker Rights News(ILRF News lettrer)', 'Annual Report' 등 세 가지로 구분되어 있다. 각각을 살펴보면 다음과 같다.

- Reports, Papers, and Speeches
다음의 소분류로 다시 정리되어 있다. 대표적인 목록을 소개하면 다음과 같다.
[Introductions to Labor Issues]
 - *The Alien Tort Claims Act — A Vital Tool for Preventing Corporations from Violating Fundamental Human Rights* (외국인 불법행위에 관한 법)
 - *Will China Comply with its International Legal Obli gations?* (중국이 국제법적 의무에 응할 것인가?)
[In the Best Interest of Children]
 - *Child Labor Poster Series*(아동 노동 포스터 시리즈)

- *Cocoa Protocol Update & Analysis*(코코아협약 업데이트 및 분석)
- *Ending the Commercial Exploitation of Children*(아동의 상업적 착취 끝내기)

[Creating a Sweatfree World]

- *Wal-Mart in China: The High Cost of Low Prices*(중국의 월마트)
- *Constructing Markets for Conscientious Consumers: Adapting the 'Fair Trade' Model to the Apparel Sector* (양심적인 고객을 위한 시장 구성하기)

[Rights for Working Women]

- *A Valentine's Day Report: Worker Justice and Basic Rights on Flower Plantations in Colombia and Ecuador* (밸런타인데이 보고서)
- *Sexual Harassment, A Maquila Reality*(성희롱)
- *Trade is a Women's Issue*(통상은 여성의 문제이다)

[World Bank]

- *A Missed Opportunity: The World Bank's World Development Report 1995: Workers in an Integrating World*(놓친 기회: 세계은행의 세계 개발 보고서 1995)

[Trade Agreements & Generalized Systems of Preferences]

- *Testimony Regarding the Central America Free Trade Agreement(CAFTA)*(중미자유무역협정에 관한 입증)
- *North American Free Trade Agreement and Labor*

Rights(북미자유무역협정과 노동권)

[Other Important Articles and Publications]

- ***Asian Migrant Workers at Ramatex in Namibia***(나미비아 라마텍스의 아시아 이주 노동자들)

- Worker Rights News
  2002년부터의 *ILRF Newsletter*를 PDF 파일로 열람가능하다.

- Annual Reports
  2004년과 2005년의 연간보고서가 제공된다.

INSTRAW

United Nations International Research and Training Institute for the Advancement of Women

여성지위향상을위한유엔훈련연구소

① 기구

1) 소재지

주　　소　　Calle César Nicolás Penson 102－A Santo Domingo, DN Dominican Republic

전   화   + 80 9 685 2111
팩   스   + 80 9 685 2117
홈페이지   http://www.un－instraw.org/en

2) 설립연혁

여성지위향상을위한유엔훈련연구소(INSTRAW: United Nations International Research and Training Institute for the Advancement of Women)는 1975년 멕시코시티에서 열린 제1회 세계여성대회(First World Conference on Women)에서 여성인권증진의 방안으로 조사연구 및 교육 기관의 설립을 권고받아, 1976년 유엔의 경제사회이사회(ECOSOC)에 의해 설립되었다. 1979년 경제사회이사회에서는 INSTRAW 본부를 개발도상국에 만들도록 권고하였고, 1983년 도미니카공화국의 수도인 산토도밍고에 그 본부를 두게 되었다.

3) 설립목적

젠더 이니셔티브의 주 촉매역할을 하는 INSTRAW는 젠더와 관련된 조사연구를 증진시키고, 정보공유를 조장하고, 유엔기관, 정부기관, 학술기관, 시민사회 등과의 네트워킹을 통한 능력개발을 지원하는 데 그 목적을 두고 있다.

4) 주요사업

INSTRAW의 전략적 구조는 명료한 조사연구, 교육 그리고 정보배포의 중요성을 강조하고 있다.

[연구조사활동]

- 젠더통계(1984 – 1996)
- 여성인권강화(1986 – 1999)
- 여성의 정보통신으로의 접근성(1988 – 2003)
- 젠더, 인권, 지속가능한 개발(1982 – 2002)
- 갈등해결과 평화를 위한 여성의 역할(2000 – 2002)
- 여성화 · 세계화(1999 – 2003)

[훈련/교육]

- INSTRAW는 세미나 등을 통해 여성의 능력개발을 위한 교육 자료 및 방법론을 개발해 오고 있다.

② 정보원

1) 정보배포정책

INSTRAW는 홈페이지 전체가 정보원 그 자체라고 할 수 있다. 유엔의 유일한 조사연구기관으로 그 이름에 걸맞게 많은 자료를 접할 수 있다. 다만, 출판물의 형태라기보다는, 홈페이지상에서 정보자료를 직접 볼 수 있도록 되어 있다. 'Library'에 가면 출판물을 다운받을 수 있도록 되어 있다.

2) 정보자료

① Research

다음 다섯 개의 주제 아래 연구 자료를 링크시켜 놓았다. 페이지마다 'glossary'를 제공해 용어에 대한 궁금증을 해소할 수 있다. 또한 'database' 항목이 있어 필요한 자료를 쉽게 찾을 수 있게 되어 있다.

- Gender, Migration and Remittances: 여성의 이주와 송금이 가정에 미치는 영향에 관한 연구
- Gender, Governance and Women's Political Participation: 여성의 정치적 참여를 늘리는 'best practice'에 관한 연구
- Gender Peace and Security: 안보 기관의 재구조화 단계에서의 여성관점 등에 관한 연구
- Gender and Financing for Development
- Gender Research Guide

② Mainstreaming

홈페이지 오른쪽 하단에 있는 링크를 따라가면 'OECD Gender', 'Institutions and Development Database'가 연결되어 있어 OECD가 제공하는 여성인권자료를 열람할 수 있다.

③ INSTRAW Review

새로운 창으로 링크가 연결되어 INSTRAW의 'newsletter' 페이지가 열린다. 이곳에서는 'News', 'Discussion Articles', 'Press Releases' 등에 게재된 내용을 열람할 수 있다.

166

④ Library

INSTRAW의 출판물을 볼 수 있다. 대부분이 PDF 형식으로 다운받아 볼 수 있게 되어 있다. 대표적 출판물은 다음과 같다.

- INSTRAW Publications
    - *New Voices, New Perspectives Paper Series*
    - *Beijing at 10: Putting Policy into Practice*(베이징선언: 정책을 실제로 옮기기)
    - *The United Nations and Equal Opportunities between Women and Men*(유엔과 남녀 평등기회)
    - *Gender Issues and Concerns in Financing for Development* (개발을 위한 금융에 관한 젠더 이슈와 관점)
    - *Overcoming the Gender Digital Divide: Understanding ICTs and their Potential for the Empowerment of Women* (젠더 정보격차 극복하기)
    - *Partners in Change: Working with Men to End Gender*
    - *Based Violence*
    - *Engendering the Political Agenda: The Role of the State, Women's Organizations and the International*(정치적 아젠다의 젠더화: 국가, 여성기구, 국제기구의 역할)
    - *Temporary Labour Migration of Women: Case Studies of Bangladesh and Sri Lanka*(여성 노동력의 일시적 이동: 방글라데시와 스리랑카 사례연구)
    - *Ageing in a Gendered World: Women's Issues and Identities*(젠더세계의 고령화: 여성이슈와 아이덴티티)

- *Women, Environmental Management and Sustainable Development - Modular Training Package*(여성, 인권경영, 지속가능한 개발 - 교육자료)
- *Gender Concepts in Development Planning: Basic Approach* (개발계획에서의 젠더개념: 기초접근법)
- *Credit for Women: Why is it so Important*(여성을 위한 대출: 왜 중요한가)
- *The Migration of Women: Methodological Issues in Measurement and Analysis*(여성의 이주: 평가와 분석에 관한 방법적 이슈)

- New Voices, New Perspectives Paper Series
INSTRAW에서 발행하는 연구조사 시리즈이다.

- Beijing Review and Appraisal
베이징선언과 관련한 보고서, 평가서 등을 총망라하고 있다.

- Special Collections
다음의 주제에 관련된 유엔보고서가 링크되어 있다.
  - Ageing
  - Conflict Prevention and Resolution
  - ICTs
  - Environmental Management and Sustainable Development
  - Men's Role in Ending Gender - based Violence

IWRAW
International Women's Rights Action Watch
국제여권실행감시기구

① 기구

1) 소재지

주　　소	IWRAW, Hubert Humphrey Institute of Public Affairs, Univ. Of Minnesota 301-19소 Avenue South, Minneapolis, MN 55455, USA
전　　화	+1 612 625 5093
팩　　스	+1 612 624 0068
전자우편	iwraw@hhh.umn.edu
홈페이지	http://www.igc.org/iwraw

2) 설립연혁

국제여권실행감시기구(IWRAW: International Women's Rights Action Watch)는 1985년 케냐 나이로비에서 열린 국제여성회의에서 조직된 단체이다. 1979년 유엔에 의해 채택된 여성에 대한 모든 형태의 차별 철폐를 위해 만들어진 협약(CEDAW

Convention)이 제대로 실행되는지를 감시한다.

3) 설립목적

IWRAW는 여성과 여아·소녀들의 인권 개발에 있어서 필수라는 믿음을 기본으로, 정부와 NGO들이 서로를 이해하고 평등을 이루기 위한 인권의 원리를 적용하는 데 목적을 두고 있다.

4) 주요사업

- 각종 여성 국제회의와 관련된 출판사업
- 정보제공, 훈련 및 기술적 지원
- 국가 보고서 출판 지원

② 정보원

1) 정보배포정책

IWRAW는 각종 여성관련 국제회의와 관련된 보고서를 중심으로 그 정보원이 구성되어 있다. 특히 'Beijing Platform for Action'과 유엔여성차별철폐협약(CEDAW: Convention on the Elimination of All Forms of Discrimination against Women)과 관련된 보고서들이 잘 정리되어 있다. 국제회의 이외의 정보는 'Other IWRAW Publications' 부분에 수록되어 있다.

2) 정보자료

① Other IWRAW Publications

출판물을 주문할 수 있는 부분과 다음의 세 부분으로 나뉘어 출판물을 열람할 수 있도록 되어 있다.

- The Women's Watch

  1995년에서 2000년까지 발간된 논설은 홈페이지에서 직접 열람이 가능하다. 다만 2001년 이후의 내용은 2007년 4월 현재 열람이 불가능하고, 이후에 다시 열람 가능하도록 안내가 되어 있다.

- IWRAW Country Reports

  유엔 회원국 전체의 여성과 관련된 국가보고서가 실려 있다.

- IWRAW Consultation Reports

  2007년 4월 현재 다음의 세 개의 보고서가 열람가능하다.

  - *CULTURE, CUSTOM AND WOMEN'S HUMAN RIGHTS: CEDAW Convention Article Five, 1999*

  - *WOMEN, CHILDREN AND HUMAN RIGHTS: The CEDAW Convention and the Convention on the Rights of the Child, 1998*

  - *ACHIEVING THE RIGHTS RESULT: Affirmative Action and Article 4 of the Women's Convention, 1997*

MRG
Minority Rights Group International
소수집단인권단체

① 기구

1) 소재지

주 소	379 Brixton Road, London, SW9 7DE, UK
전 화	+44 20 7978 9498
팩 스	+44 20 7738 6265
전자우편	minority.rights@mrgmail.org
홈페이지	http://www.minorityrights.org

2) 설립연혁

소수집단인권단체(MRG: Minority Rights Group International)는 소수 인종, 소수 종교집단, 소수 커뮤니티의 인권을 위한 국제 NGO이다. 지난 약 30여 년의 경험을 토대로 특정 집단이나 사회에서 인권이 무시받는 이유를 연령, 계급, 장애, 젠더 등으로 제시하고 있다. 국제기준의 명확한 틀 안에서 결정자들을 설득하고 장기적으로 지속될 수 있는 변화를 도모해 왔다.

3) 설립목적

MRG는 전 세계적으로 인종, 종교, 언어적으로 소수인 집단이나 원주민들의 권리를 옹호하기 위해 일한다. 또한 집단간 이해와 협조를 도모하는 것을 목적으로 하고 있다.

4) 조 직

MRG는 국제 의회를 운영하고 있는 국제 NGO이다. 현재 약 60개국에 130개 이상의 회원기관들이 있으며, 유엔 경제사회이사회(Economic and Social Council)에 등록되어 있는 기관이다.

5) 주요사업

MRG는 소수집단과 원주민들의 인권을 다루고 있는 각종 보고서, 교육 매뉴얼, 요약문, 워크숍 보고서 등을 간행한다. 국제적으로 소수집단의 권리에 관한 기준과 옹호기술을 교육하기 위한 행사도 개최한다. 유엔과 유럽연합 등을 포함한 국제 포럼에 지속적으로 참가하여 국제 인권 기준과 옹호방안을 수집·교육하여 소수집단 및 원주민들에게도 그 영향이 미칠 수 있도록 노력한다. 또한, 결정권자들을 위해 자체적인 포럼을 개최하기도 한다.

② 정보원

1) 정보배포정책

MRG의 정보원은 'International Instruments', 'Annual Review & Accounts'와 'MRG Publications & Resources'로 나누어져 있다. 많은 양의 정보가 있지는 않으나, 'Archive'를 통해 검색이 용이하도록 되어 있으며 홈페이지상에서 원문보기가 가능하다.

2) 정보자료

① International Instruments

소수집단과 관련된 국제 총회나 선언 등을 일목요연하게 정리해 놓았다. 이곳에 수록되어 있는 목록은 다음과 같다.

- *Minorities Declaration*(소수민족 권리선언)
- *Convention on the Elimination of All Forms Forracial Discrimination*(모든 종류의 인종차별 철폐에 관한 회의)
- *Slavery Convention*(노예제도 협정)
- *UNESCO Universal Declaration on Cultural Diversity*(문화 다양성에 관한 유네스코 세계선언)
- *UNESCO Convention against Discrimination in Dducation* (교육에서의 차별에 관한 유네스코 회의)
- *Convention on the Rights of the Child*(아동인권 회의)
- *Minority Rights Provisions in 1990 CSCE Copenhagen Document*(1990년 CSCE 코펜하겐 소수집단의 권리에 관한

규정)

- *Universal Declaration of Human Rights*(세계인권선언)
- *General Recommendation on Descent－based Discrimination*
- *International Covenant on Economic, Social and Cultural Rights*(경제, 사회, 문화 권리에 관한 국제서약)
- *Framework Convention for the Protection of National Minorities*
- *ILO Convention 169 on Indigenous and Tribal Peoples*
- *ILO Discrimination(Employment and Corruption) Convention*
- *Genocide Convention*(대량학살 협정)
- *Convention on the Elimination of All Forms of Discrimination against Women*(모든 종류의 여성차별 철폐를 위한 회의)

② Annual Review & Accounts

'MRG Account for 2005'와 'Annual Review 2005'가 있다. 그 이전의 보고서들은 전화상으로 주문해야 한다. 보고서 가격이 책정되어 있지는 않고 기부금 형태로 지불하게 되어 있다.

- *MRG Account for 2005*

  MRG에서 출판하는 최종보고서로 2~3페이지로 구성되어 있다.

- *Annual Review 2005*

  MRG의 연간보고서이다.

③ MRG publications & resources

최근 출판물 목록은 다음과 같다.

- *Assimilation, Exodus, Eradication: Iraq's Minority Communities since 2003*
- *The Problem of Turkey's Displaced Persons: An Action Plan for Their Return and Compensation*
- *Electoral Systems and the Protection and Participation of Minorities*
- *Minority Rights in Kosovo under International Rule*
- *Preventing Genocide and Mass Killing: The Challenge for the United Nations*
- *Minority Rights and Conflict Prevention: Case Study of Conflicts in Indian Jammu and Kashmir, Punjab and Nagaland*
- *Framework Convention for the Protection of National Minorities Opportunities for NGOs and Minorities*
- *Minority Rights Advocacy in the European Union: A Guide for NGOs in South-East Europe*
- *Disaggregated Data Collection: A Precondition for Effective Protection of Minority Rights in South East Europe*
- *Substantive Equality, Positive Action and Roma Rights in the European Union*
- *EU-funded Roma programmes: Lessons from Hungary, Slovakia and the Czech Republic*

OHCHR

Office of the United Nations High Commissioner for Human Rights

유엔인권고등판무관실

① 기구

1) 소재지

주　　소　　Office of the United Nations High Commissioner for Human RightsUNOG－OHCHR 1211 Geneva 10, Switzerland

전　　화　　+41 22 917 9000

팩　　스　　+41 22 917 9022/9011

전자우편　　InfoDesk@ohchr.org

홈페이지　　http://www.ohchr.org

2) 설립연혁

유엔인권고등판무관실(OHCHR: Office of the United Nations High Commissioner for Human Rights)은 1873년과 1875년

사이에 스위스 제네바에 본부가 설립된 이래, 1993년 세계인권 회의에 관한 세계회의(World Conference on Human Rights)를 주최, 빈 선언과 행동강령(Vienna Declaration and Programme of Action)을 도출하는 등의 세계 각국의 인권 수립을 위해 활동하고 있다. 최근 'Strategic Management Plan 2006~2007'을 통해 OHCHR이 추구해야 할 우선순위를 새로 수립하였다.

3) 설립목적

OHCHR은 UN의 사무국(Secretariat) 산하에 속한 기구로서, 인권침해, 인권보호, 인권보호를 위한 국제사회의 협조도모, UN을 통해 관련된 활동을 관장하는 등의 세계 인권을 보호·증진하기 위해 설립되었다.

4) 조 직

OHCHR은 고등판무관실과 부고등판무관실, 그리고 그 산하부서들로 이루어져 있다. 대표적인 예로 TCB(Treaties and Commission Branch), SPB(Special Procedures Branch), RRDB(Research and Right to Development Branch), 그리고 CBB(Capacity Building and Field Operations Branch)의 주요 네 개 부서를 들 수 있다.

② 정보원

1) 정보배포정책

OHCHR의 정보원은 'Top Story', 'In Focus', 'What's New', 'Basic Information', 'OHCHR Reports & Publications' 그리고 'Library'로 구성되어 있다. 링크된 문서 또는 페이지로 바로 이동하도록 되어 있다. 대부분의 정보자료가 무료로 제공되며 홈페이지상의 원문보기가 가능하다.

2) 정보자료

① Top Story

OHCHR과 관련된 최근 보도자료를 볼 수 있다. 직접 링크된 곳으로 연결되도록 되어 있고, 'Go to the Media Centre'라고 되어 있는 링크에 연결하면 매일매일의 보도자료를 원문 그대로 이용할 수 있다.

② In Focus

OHCHR에서 정한 중점지역에 대한 연설문을 정리해 놓은 곳이다. 2007년 3월 현재 'Middle East'가 그 주요 관심대상이며 'High Commissioner', 'Human Rights Council', 'Treaty Bodies', 'Special Procedures'의 네 곳에 발표한 연설문들을 날짜별로 나열해 놓고 있다. 링크를 따라가면 원문을 그대로 볼 수 있도록 되어 있다.

③ What's New

출판물이나 보고서 중에서 최신내용을 따로 갱신해 놓은 곳
이다. 직접 PDF나 Word 파일로 볼 수 있도록 되어 있다.
'What's New'의 하단부분에 있는 'Visit the updated
county pages'라고 되어 있는 링크를 따라가면 인권에 관한
각 지역별, 나라별 자료가 정리되어 있다. 각 나라별 페이
지에는 OHCHR 국가별 홈페이지의 링크가 있으며, 'Status
of Ratification', 'Reporting Status' 등을 비롯한 각 국가의
인권과 관련된 자료들을 볼 수 있다.

④ Basic Information

'The Universal Declaration of Human Rights: 세계인권선
언'과 관련된 기본내용을 다루고 있다. 세계인권선언과 관
련한 자료뿐만 아니라 교육과 인권에 관한 내용을 중점적으
로 포함한다. 이 페이지에서 다루고 있는 주요 이슈는 다음
과 같다.

- *A Magna Carta for All Humanity*(모든 인류를 위한 마그
  나카르타)
- *Legislative History of the UDHR*
- *Universal Declaration of Human Rights in more than 366
  Languages*(세계인권선언)
- *Worldwide Collection of Universal Declaration of Human
  Rights Materials*
- *More than 50 Ideas for Commemorating the Universal
  Declaration of Human Rights Simplified Version of the*

Universal Declaration of Human Rights(세계인권선언 간략본)

- *General Assemble Resolution 217 A(Ⅲ) of 10 December 1948 - International Bull of Human Rights*
- *Federal Assembly Resolution 423(V) - Human Rights Day*
- *All Human Rights for All - 50th Anniversary of the Universal Declaration of Human Rights 1948 - 1998*
- *The United Nations and Human Rights - The Thirty Articles (photos)*(유엔과 인권)

⑤ OHCHR Reports & Publications

연간보고서를 포함한 인권과 관련한 각종 보고서들이 나열되어 있다. 최근 보고서들은 원문을 바로 이용할 수 있도록 되어 있고, 원하는 발간자료나 보고서들은 따로 주문서를 작성하여 구입할 수 있도록 되어 있다.

최근 발간자료는 페이지 중앙에 나열되어 쉽게 접근할 수 있도록 되어 있고, 그 외의 자료들은 다음과 같이 6개의 항목으로 나누어져 있다. 대표적인 출판물들은 다음과 같다.

- Fact Sheets
  - *The International Bill of Human Rights*(세계 인권 법안)
  - *Advisory Services and Technical Cooperation in the Field of Human Rights*
  - *Combating Torture*
  - *Enforced or Involuntary Disappearances*
  - *Complaint Procedures*
  - *The Rights of Indigenous Peoples*

- *The Rights of Child*
- *Minority Rights*
- Training and Educational Material
  - *United Nations Guide for Indigenous Peoples*
  - *United Nations Guide for Minorities*
  - *Human Rights Education and Human Rights Treaties*(인권교육과 인권조약)
  - *The Rights to Human Rights Education*(인권교육에 대한 권리)
- Special Issue Papers
  - *Application of Human Rights to Reproductive and Sexual Health*(모자보건과 성관련건강에의 인권 규칙)
  - *Gender Dimensions of Racial Discrimination*(인종차별에서의 젠더의 범위)
  - *The Family in International and Regional Human Rights Instruments*
  - *International Guidelines on HIV/AIDS and Human Rights*
  - *2006: Consolidated Version*(HIV/AIDS와 인권에 대한 국제적 지침)
  - *Human Rights, Poverty Reduction and Sustainable Development: Health, Food and Water*(인권, 빈곤절감, 지속가능한 개발: 건강, 음식 그리고 물)
  - *Human Rights and Environment*(인권과 인권)
  - *Principles and Guidelines for a Human Rights Approach to Poverty Reduction Strategies*(빈곤절감전략으로의 인

권접근법을 위한 원리와 지침)

- Reference Material
  - *United Nations Action in the Field of Human Rights*(인권의 현장에서의 유엔행동)
  - *Human Rights: A Complaint of International Instruments*
  - *Universal Instruments*(인권: 국제기구(instrument)의 불만)
  - *The Core International Human Rights Treaties*(핵심 인권 조약)
  - *Selected Decisions of the Human Rights Committee under the Optional Protocol(vol.* Ⅰ - Ⅶ)
  - *Durban Declaration and Programme of Action*(더반서약과 행동강령)
  - *World Conference on Human Rights: The Vienna Declaration and Programme of Action, June 1993*(빈 인권선언과 행동강령)
  - *The African Charter on Human and People's Rights*(인권에 관한 아프리카 헌장)
- Promotional Material
  - *Universal Declaration of Human Rights*(leaflet)
  - *Office of the United Nations High Commissioner for Human Rights*(brochure)
  - *Human Rights in Action - Promoting and Protecting Rights around the World*
  - *Working with OHCHR: A Handbook for NGOs*

- Annual Report/Annual Appeal
  - *Annual Report: Annual Appeal*을 통해 정해진 활동에 대한 보고서이다.(2000~)
  - *Annual Appeal*: OHCHR의 자금요건 및 활동에 대한 내용을 다루고 있다.(2000~)

⑥ Library

OHCHR은 인권과 관련된 방대한 분량의 단행본, 연속간행물, 보고서, 비디오, CD-ROM 등의 정보원을 보유하고 있다. 홈페이지를 통해서 원하는 자료의 리스트를 찾을 수 있는 기능이 제공되고 있다. 또한 UN 도서관 데이터베이스, UN 정보서비스 등의 링크도 제공하고 있다. 홈페이지상에서 일부는 원문을 볼 수 있으나 일부는 권한이 제한되어 있는데, 이런 경우는 ID와 Password를 요구한다.

OMCT
World Organization against Torture
고문반대세계기구

① 기구

1) 소재지

주　　소	OMCT International Secretariat PO Boz 218, Rue du Vieux－Billard CH－1211 Geneva Switzerland
전　　화	+41 22 809 4939
팩　　스	+41 22 809 4929
전자우편	omct@omct.org
홈페이지	http://www.omct.org

2) 설립연혁

1986년 설립된 고문반대세계기구(OMCT: World Organization against Torture)는 오늘날 고문과 사형, 실종 그리고 모든 형태의 잔인성에 대항하여 싸우는 비정부 조직의 가장 큰 국제적인 연합이며, 인간의 권리를 보호하기 위해 처우를 담당하고 있다.

3) 설립목적

제네바에 본부를 두고 있는 OMCT는 수백 명의 고문희생자들에게 그들이 일상생활이 가능하도록 개인들에게 의료적, 법적 그리고 사회적 도움을 제공하기 위해 설립되었다.

4) 주요사업

상처받기 쉬운 사람들, 특히 여성, 아동들에게 세부적인 프로그램을 직접 시행한다. OMCT는 개개인들과 접촉을 하고, 유엔의 특별기관에 대안보고서를 제출한다.

② 정보원

1) 정보배포정책

OMCT의 정보원은 'Press Releases', 'Reports', 'Publications' 그리고 'Documents'로 구성되어 있다. 모든 자료들은 해당 프로그램명과 관련 국가명, 그리고 열람가능한 언어 및 발간 날짜를 홈페이지상에서 제공하고 있다.

2) 정보자료

① Press Releases

보도자료의 원문을 제공하고 있다. 일자별로 자료를 찾을 수 있도록 되어 있다. 새로운 출판물이나 보고서가 나온 경우 그것에 대해 보도되었던 내용과 함께 요약내용도 제공한다.

② Reports

다음과 같은 보고서들을 열람할 수 있다.

- ***2006 Annual Report of the Observatory for the Protection of Human Rights Defenders***(인권옹호자 보호를 위한 감시 연간보고서 2006)

- ***Human Rights in Madagascar－A Shadow Report to the UN Human Rights Committee***(마다가스카르의 인권－유엔 인권위원회 그림자보고서)

- ***Rights of the Child in Chile－Summary***(칠레의 아동인권－요약문)

- ***Rights of the Child in Chile***(칠레의 아동인권)

- ***Human Rights Violations in Spain***(스페인의 인권침해)

- ***Mission Report: A Worrying Situation for Human Rights Defenders***(사역보고서: 인권옹호자들의 위험한 상황)

③ Publications

*OMCT Handbook Series*나 *OMCT Annual Report* 등의 OMCT에서 발간하는 출판물이 수록되어 있다.

④ Documents

OMCT의 *Newsletter*나 프로그램 보고서 등을 열람할 수 있다.

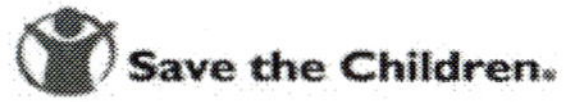

Save the Children
세이브더칠드런

① 기구

1) 소재지

주　　소	Washington D.C., 2000 M Street NW, Suite 50 Washinton D.C. 20036, USA
전　　화	+1 202 293 4170
전자우편	twebster@savechildren.org
홈페이지	http://www.savethechildren.org

2) 설립연혁

세이브더칠드런(Save the Children)은 세계 아동들의 안전하고 풍요로운 삶과 건강을 위해 1932년에 설립되어 아프리카, 아시아를 포함한 전 세계 여러 지역에서 활동하고 있다.

3) 설립목적

Save the Children의 비전과 목적은 1919년 영국에서 시작된 세계아동인권운동에서 비롯된다. '스스로 돕는다'는 철학적 관점과 실행에 옮기려는 행동방침이 현재 전 세계 45개국 이상에서 아동인권을 위한 활동에 기본이 되고 있다.

4) 주요사업

Save the Children은 가정 내에서 아동이 갖는 문제들을 발견하고 그러한 문제점을 해결하려고 노력한다. 또한 커뮤니티에서 직면하고 있는 좀 더 큰 문제들에 대한 전략적인 접근과 자급자족적인 실천 프로그램을 활용한다. Save the Children은 지난 수십 년간 세계 구호 및 개발 기구들의 선두주자로 활동해 왔다. 셀 수 없는 활동들과 업적은 세계 각국의 아동의 삶에 변화를 주는 데 큰 몫을 해 오고 있다.

② 정보원

1) 정보배포정책

Save the Children의 정보원은 'Newsroom'과 'Publications'에서 찾아볼 수 있다. 'Professional Resources'란 곳에서 원하는 출판물을 검색할 수도 있으며, 모든 자료는 무료로 원문열람이 가능하다.

2) 정보자료

① Newsroom

다음의 7가지로 분류되어 보도자료 및 뉴스레터 등을 열람
할 수 있다. 그 외에 동영상 자료도 제공된다.

- Current Press Releases
- Press Clips
- Speeches and Testimony
- Experts
- Latest eNewsletter
- AlertNet — Humanitarian Aid & Disaster News
- 2006 Press Releases

② Publications

'New and Noteworthy'라는 부분에 Save the Children
이 추천하는 출판물이 실려 있다. 그 외는 다음의 분류하에
정리가 되어 있으며, 대표적인 목록은 다음과 같다.

- Latest Research
  - *Opportunities for Africa's Newborns: Practical Data, Policy and Programmatic Support for Newborn Care in Africa*(아프리카 신생아들을 위한 기회: 아프리카의 신생아 보호를 위한 실제데이터, 정책 그리고 프로그램 지원)
  - *State of the World's Mothers 2005: The Power and Promise of Girls' Education*
  - *America's Forgotten Children: Child Poverty in Rural*

190

America(미국의 잊혀진 아이들: 도시의 아동빈곤)

- *State of the World's Newborns*

- Issue Briefs

  - *Katrina Response: Protecting the Children of the Storm*
    (태풍 카트리나에 대한 대응: 태풍에서 아동 보호하기)

  - *Protecting Children in Emergencies: Escalating Threats
    to Children Must be Addressed*(응급상황에서 아동 보호
    하기: 아동을 위한 위험은 반드시 표명되어야만 한다)

- Fact Sheets

  - *Where We Work*(우리가 활동하는 곳)

  - *Millennium Development Goal #2 — Achieve Universal
    Primary Education*

  - *Millennium Development Goal #4 — Reduce Child
    Mortality*

- Annual Reports, 2000~2006

- Other Publications

  - *75 Years of Save the Children*(75년간의 Save the
    Children)

  - *Rewrite the Future: Education for Children in Conflict*

  - *Affected Countries*(미래를 다시 쓰다: 분쟁의 영향을
    받은 나라에서의 아동교육)

  - *Children in a World of AIDS*(세계 에이즈와 아동)

  - *Afghanistan Children in Crisis*(위기의 아프가니스탄 아동)

  - *Afghanistan's Children Speak to the UN Special
    Session*(유엔 특별회기에서 아프가니스탄 아동의 발언)

SW
Sweatshop Watch
노동착취공장감시기구

① 기구

1) 소재지

주　　소	1250 So. Los Angeles Street, Suite 212 Los Angeles CA 90015
전　　화	213 748 5945
팩　　스	213 748 5955
전자우편	sweatinfo@sweatshopwatch.org
홈페이지	http://www.sweatshopwatch.org

2) 설립연혁

노동착취공장감시기구(SW: Sweatshop Watch)는 노동착취에 반대하는 여러 단체들이 참여하여 만든 연합 단체이다. 노동자들이 보다 좋은 인권에서 일하며 최저임금수준보다 높은 임금을 받을 수 있도록 노동착취 현장을 감시한다.

3) 설립목적

SW의 설립목적은 일반대중에게 뿌리박힌 실천과 대중적인 정책을 지방, 지역, 국가, 국제의 모든 단계에서 이루어질 수 있도록 하는 데 있다.

② 정보원

1) 정보배포정책

SW의 정보원은 'News'와 'Resources'로 구성되어 있다. 'News'에서는 SW의 'Newsletter'와 보도자료(Press Releases)를 열람할 수 있다. 'Resources'에서는 동영상 자료도 열람이 가능하다.

2) 정보자료

① Resources

SW의 출판물은 무료열람이 불가능하다. 또한 자체 제작물이 아닌 다른 홈페이지에 있는 노동관련 출판물들을 링크시켜 놓고 있다. SW에서 링크시켜 놓은 목록들의 예는 다음과 같다.

- Books
  - *Behind the Label: Inequality in the Los Angeles Apparel*

Industry(라벨의 그 이면: 로스앤젤레스 의류산업의 불평등)

- *Children of NAFTA*(북미자유무역협정의 아동들)
- *Made in China*
- *No Logo: Taking Aim at the Brand Bullies*
- *Slaves to Fashion: Poverty and Abuse in the New Sweatshops*
  (패션의 노예들: 새로운 노동착취공장에서의 가난과 남용)
- *Threads: Gender, Labor, and Power in the Global Apparel Industry*(바느질: 글로벌 의류산업에서의 젠더, 노동, 그리고 권력)

- Reports
  - *China Capacity Building Project: Occupational Health and Safety*(중국 역량 강화 프로젝트: 직업 건강과 안전)
  - *Crisis or Opportunity? The Future of Los Angeles' Garment Workers, the Apparel Industry, and the Local Economy*(위기인가 기회인가? 로스앤젤레스 의류 노동자들, 의류산업, 그리고 지역경제의 미래)
  - *Labor Practices in the Footwear, Leather, Textile and Clothing Industries*(신발류, 가죽, 직물, 의류산업의 노동의 실제)
  - *New York City's Garment Industry Today: A New Look?*
  - *Still Waiting for Nike to Do It*
  - *Women Behind the Labels: Worker Testimonies from Central America*(라벨 그 이면의 여성들: 중앙아메리카 노동자들의 증언)

UNHCR

Office of United Nations High Commissioner for Refugees

유엔난민고등판무관사무소

① 기구

1) 소재지

주   소   94 Rue Montbrillant, Geneva, Switzerland

전   화   41 22 739 8111

팩   스   41 22 731 9546

홈페이지   http://www.unhcr.ch

2) 설립연혁

- 1949년 유엔총회가 유엔난민고등판무관 임명
- 1950년 유엔난민고등판무관실규약(Statute of the Office of the UN High Commissioner for Refugees) 채택(UN GA Res 1950년 4월 28일)
- 1951년 1월 1일 규정 발효
- 본래 3년을 기한으로 하는 임시기구였으나, 현재는 5년마다 임기 연장

3) 설립목적

- 인도주의에 입각하여 난민 보호 및 난민에 대한 물질적 지원 제공
- 박해에 대한 공포에도 불구하고 난민을 강제적으로 송환하는 것을 방지
- 난민문제의 항구적 해결을 위한 국제협력 도모

4) 조 직

- 유엔난민고등판무관: Mr. Ruud Rubbers(2001년부터 5년 임기)
- 사무국: 제네바 소재, 지역사무소는 124개국에 290개 소재
- 집행이사회(Executive Committee)
    - 난민문제에 관심이 많은 57개국으로 구성
    - 임명된 경우 임기는 영구적(우리나라는 2000년 2월 이사국으로 선출됨)

② 정보원

1) 정보배포정책

UNHCR 홈페이지는 난민 관련 각종 정보원들을 'Publications', 'Statistics', 'Research/Evaluation' 등의 항목에 따라 분류하여 게재하고 있으며 각 메뉴의 오른쪽 상단에 정보 검색 툴을 설

치하고 각 메뉴 내에서 하위검색도 가능하여 편리한 정보 이용 서비스를 제공하고 있다.

2) 정보자료

① Publications

UNHCR 출판물은 난민과 관련된 모든 분야를 포괄한다. 여기에는 1951년 *Refugee Convention*와 같은 기초 문헌부터 국제법 보고서, 연구 평가서, UNHCR의 활동 전반을 소개하는 *Global Appeal*이나 *Global Report*, 여러 정기간행물과 단행본, 그 외에도 지도와 사진첩, 비디오 목록, 인권 등의 특정 분야에 대한 보고서나 현장 적응 매뉴얼 등 다양한 정보원을 보유하고 있다. 또한 연 2회 발행되는 *State of the Worlds Refugees*, 계간 *Refugees Magazine*, 그리고 수많은 안내 책자와 포스터 등이 있다. 다음 목록은 UNHCR의 주요 출판물들이다.

- ***Registration Handbook***

  UNHCR의 난민사업 운영에 필요한 등록, 문헌화, 그리고 인구자료 관리 등에 관한 안내서이다.

- ***The 1951 Geneva Refugee Convention***

  난민 보호에 관한 주요 문헌으로 전문이 제공된다.

- ***The Global Appeal***

  *The Global Report*와 *The Global Appeal*은 UNHCR의 사업과 연간 필요조건에 관한 포괄적인 시각을 제시한다. 각국 정부와 UNHCR 협력기관을 우선 대상으로 하고

있으나 일반 독자들에게도 유익한 가이드가 될 것이다.

- ***Operations Management Handbook for UNHCR's Partners***
  난민 보호와 지원이라는 UNHCR 사업에 대한 실제적인
  지침서로서 참고문헌 목록이 인쇄본과 온라인 원문에 모
  두 들어 있다.
- ***The State of The World's Refugees 2000***
  UNHCR의 50주년 기념판으로 UNHCR 인도주의적 사
  명과 50년간의 사업을 뒤돌아본 출판물로, 이전 발간호
  도 온라인상에 제공되어 있다.
- ***Maps***
  인권 등의 주제에 대한 나라별 지도, 위성사진 등이 있다.
- ***Protection Publications***
  난민 보호에 관한 UNHCR의 법률적 지침서 목록이다.
- ***Partnership Guides***
  주요 사업 운영 지침서와 매뉴얼이 정리되어 있다.
- ***Refugee Protection in International Law***
  1951년의 난민의 지위에 관한 조약(1951 Convention)의
  해석에 대한 주요 논점들에 대한 보고서들을 한 권에 묶
  은 출판물이다.
- ***Teaching Tools***
  난민이라는 주제로 어린이들에게 역사, 지리, 시민권 등에
  대한 교육을 수행하는 프로그램을 소개하는 출판물이다.

② Statistics

UNHCR의 Statistics는 정보자료, 동향 분석, 통계 보고서

등을 통해, 약 150여 개국에 걸쳐 UNHCR의 관심 대상인 난민, 망명자, 귀국 난민, 강제 이주자, 무국적자 등에 대한 정확한 최신 통계 정보를 정책 집행자들에게 전달함을 목적으로 하고 있다. UNHCR Population Data Unit (PGDS/DOS)에서 이 섹션을 담당하고 있으며 망명국, 본국, 성별, 나이, 난민의 위치 및 법적 상황까지 자세한 정보를 제공하고 있다. 이러한 정보자료를 무료로 받아 보고 싶거나 의문 사항이 있다면 전자우편(stats@unhcr.ch)으로 연락하면 된다. 다음은 주요 통계 자료와 목록정보이다.

- *Catalogue*

  온라인상으로 통계자료 목록을 제공한다.

- *Statistical Yearbook*

  UNHCR의 연간 통계 출판물 목록이다.

- *Asylum Trends*

  선진국으로의 망명 요청 목록이다.

- *Quarterly Trends*

  개발도상국의 난민과 난민 위치 인정(RSD: Refugee Status Determination) 사례 경향 분석 자료이다.

③ Research/Evaluation

난민과 망명자를 돕기 위해서는 복잡한 법적 문제들을 처리하고 각 정부들의 인식을 높이며 국제 인권법 제정을 위해 힘쓰는 등 여러 분야에 걸쳐 많은 노력이 필요하다. UNHCR은 이러한 다양한 역할의 성공적 수행을 위해 많은 연구, 분석, 그리고 평가 작업을 병행하고 있다.

- Evaluation and Policy Analysis Unit

  UNHCR의 프로젝트, 프로그램 및 정책을 분석 평가하는 EPAU(Evaluation and Policy Analysis Unit)는 평가 보고 외에도 UNHCR 사업과 관련된 연구 활동을 지원하는 역할도 겸한다. EPAU가 제공하는 주요 정보자료는 다음과 같다.

  - ***EPAU Reports***

    UNHCR의 모든 평가 보고서의 원문을 1994년 자료부터 온라인으로 제공한다. 예전 인쇄본은 주문하면 받아 볼 수 있다.

  - ***New Issues in Refugee Research***

    난민, 인도주의, 이민에 관한 연구보고서이다.

  - ***Afghan Assessment***

    아프가니스탄의 위기 상황에 대한 UNHCR의 실시간 보고서이다.

  - ***Refugee Livelihoods Project***

    난민, 귀국자 등의 생활 여건을 개선하는 UNHCR의 역량과 난민의 자기부양을 위한 전략에 대한 연구보고서이다.

- Country of Origin and Legal Information

  Country of Origin Information(COI)과 법 관련 정보를 포함한 UNHCR의 데이터베이스이다.

④ Information Service

'Publications', 'Statistics', 'Research/Evaluation' 등 위에서

언급한 정보원 항목 외에도 UNHCR은 다양한 정보서비스를 제공하고 있다.

- Refworld 2004 on CD

  난민과 망명자에 관련된 UNHCR의 문헌을 총괄하는 정보자료로서 90,000여 건의 문헌 전문과 난민용어사전, 국가별 관련 법조항, 지도 등의 정보원이 제공된다. UNHCR 도서관의 18,000여 건의 참고문헌 서비스를 검색할 수도 있다. Refworld CD-ROM 목록의 일부는 홈페이지상에서도 공개되어 있다. 'Refworld' 해당 페이지의 'Quick Links'를 클릭하면 원하는 페이지를 쉽게 찾을 수 있다. 'Refworld' 안내 책자나 구독 방법 설명도 링크되어 있다.

- Archives of the United Nations High Commissioner for Refugees

  이전 UNHCR 문헌목록이다.

- Country UNHCR Library & Visitors' Centre

  온라인 도서관은 아니지만, 온라인상에서 UNHCR 본부 도서관의 정보자료에 대한 정보를 검색할 수 있으며 외부 도서관의 홈페이지 링크도 제공된다.

  - UNHCR Library Holdings(문헌정보 검색)
  - Selected Library Portals(외부 도서관 홈페이지 링크)

UNIFEM
United Nations Development Fund for Women
유엔여성개발기금

1 기구

1) 소재지

주 소	304 E 45th Street 15th Floor New York, NY 10017, U.S.A.
전 화	+1 212 906 6400
팩 스	+1 212 906 6705
홈페이지	http://www.unifem.org

2) 설립연혁

유엔여성개발기금(UNIFEM: United Nations Development Fund for Women)은 1975년 첫 번째 세계여성회의의 결과로 1976년 창설되었다. 오늘날 UNIFEM은 100개국에 걸쳐 14개의 지역 프로그램 관리자와 증가하는 여성 문제 전문가 네트워크를 보유하고 있다.

3) 설립목적

개도국 여성들의 활동에 대한 기술 및 재정의 직접적 지원을
제공하고, 여성이 개발계획 및 정책결정의 주류에 참여하여 경
제적·사회적 개발을 통한 평등을 확보하도록 돕는다.

4) 주요사업

농업 및 식량안보, 통상 및 산업, 거시 정책결정 및 국가계획
등의 세 분야에 주력하고 있다.

② 정보원

1) 정보배포정책

UNIFEM의 홈페이지는 아직 방대한 자료나 체계적인 정보제
공 서비스를 갖추지는 못했지만, UNIFEM 활동의 근거가 되는
회의나 선언에 관한 주요 문헌들과 출판물을 중심으로 기초에
충실한 서비스를 제공하고 있다. 출판물은 별도의 온라인 판매
홈페이지와 연계하여 배포하고 있다.

2) 정보자료

① Key Documents
UNIFEM 사업의 지침이 되는 4개의 주요 UN 문헌들을 정

리하여 해당 홈페이지를 링크해 놓았다. 다음의 항목들은 UNIFEM 창설과 사업 수행에 중요한 역할을 담당했던 회의와 결의안들이다.

• Convention on the Elimination of all Forms of Discrimination against Women(CEDAW)
• Beijing Platform for Action(PFA)
• Resolution 1325
• Millennium Development Goals

이 중 'CEDAW', 'Beijing Platform for Action'과 'Resolution 1325'를 각각 클릭하면, 개요와 공식 문헌, 관련 링크, UNIFEM 사업과의 관계 등의 부가 메뉴를 통해 자세한 설명이 제공된다.

② UNIFEM Resources

UNIFEM은 다양한 연속간행물과 보고서, 단행본을 발행하고 있다. 대부분의 정보자료는 'UNIFEM Resources'란에서 온라인 원문 서비스를 이용하거나, 'Women, Ink. (http://www.womenink.org)'라는 온라인 여성 책자 판매 홈페이지를 통해 주문할 수 있다. UNIFEM 정보자료 목록은 다음과 같다.

• *Pathway to Gender Equality*
• *Women & HIV/AIDS*
• *Not a Minute More*
• *Progress of the World's Women*
• *Women, War and Peace*

- *Economa y Gnero*
- *Conflict Trends*
- *Turning the Tide*
- *Life Free of Violence*
- *Women in Mongolia*
- *Land and Property Rights*
- *With an End in Sight*
- *Women's Empowerment*
- *Gender, HIV and Human Rights*
- *Progress of the World's Women*
- *Mexico to Beijing — and Beyond*
- *Bringing Equality Home*
- *Jordanian Women and ICT*
- *Road Towards Empowerment*
- *Gender Main Streaming*
- *Status of Arab Women*

WHRnet
Women's Human Rights Net
여성인권망

① 기구

1) 소재지

전자우편   whrnet@awid.org.
홈페이지   http://www.whrnet.org

2) 설립연혁 및 목적

여성인권망(WHRnet: Women's Human Rights Net)은 정보통신기술을 활용하여 여성인권옹호를 강화하기 위해 여성인권협회(AWID)가 1997년에 개발한 공동 ICT(Information & Communication Technology) 프로젝트이다. 비록 기구의 성격을 갖고 있진 않지만, 여성 인권에 관한 신뢰할 수 있는 정보원을 갖고 있다는 점에서 그 의미가 있다고 할 수 있다.

3) 주요사업

WHRnet은 여성인권과 관련된 주제와 세계의 개발 정책과 관련된 정보를 제공하고, 홈페이지에서 수시로 업데이트된다. 홈페이지는 세계적인 여성인권 문제에 대한 소개를 하고, UN 및 지역별 인권 시스템에 대한 개관 및 연구조사 사업을 한다.

② 정보원

1) 정보배포정책

WHRnet의 정보원은 여성인권 문제와 관련하여 관련 단체활동에 대한 정보 등을 제공하고 있다. 'UN Conference', 'Treaty Bodies and Instruments', 'Archive'를 통해 유엔 및 여러 단체들의 여성인권관련 문서들을 찾아볼 수 있다. 또한, 'Documents'를 통해서 WHRnet이 추천하는 세계 여러 여성인권 기구들의 출판물이 PDF 형식으로 열람가능하다.

2) 정보자료

① Documents

대표적인 목록은 다음과 같다.

- ***Debt and Women***(부채와 여성)
- ***Gender Guide to World Bank and IMF Policy‒Based***

Lending(세계은행과 국제통화기금의 정책 중심의 대출에 관한 젠더 가이드)

- *Gender Equality Now or Never: A New UN Agency for Women*(젠더평등 지금 아니면 안 된다: 여성을 위한 유엔의 새로운 조직)
- *Made by Women: Gender, the Global Garment Industry and the Movement for Women Worker's Rights*(여성에 의해 만들어지다: 젠더, 국제 의상 산업 그리고 여성 노동자의 권리를 위한 운동)
- *Analysis: Gender Mainstreaming and its Consequences in the European Union*(분석: 유럽연합의 성주류화와 그 결과)
- *Women, War, Peace and Trafficking*(여성, 전쟁, 평화 그리고 매매)
- *Securing Equality, Engendering Peace*
- *Social Watch Report 2006: Impossible Architecture*
- *The State of the Right to Education Worldwide*
- *The World's Women 2005: Progress in Statistics*

참고문헌

광주시민연대. 2005. 유럽연합기본권헌장 아시아 인권헌장＝Europaische Grundrechtscharta Asiatische Gruntrechtscharta. 광주: 광주시민연대.

국가인권위원회. 2005. 인종차별철폐위원회＝United Nations Centre for Human Rights. 서울: 국가인권위원회.

국가인권위원회 국제협력담당관실. 2005. 인권과 난민＝United Nations Centre for Human Rights. 서울: 국가인권위원회 국제협력담당관실.

국가인권위원회 역. 2004. 유엔인권고등판무관실: A Handbook on the Establishment and Strengthening of National Institutions for the Promotion and Protection of Human Rights. 서울: 국가인권위원회.

국가인권위원회. 2002. 국가인권위원회 연간보고서. 서울: 국가인권위원회.

국가인권위원회. 2004. (2004)인권백서. 제1집. 서울: 국가인권위원회.

김철효. 2005. 인권: 이론과 실천. 서울: 아르케.

법무부. 2004. 인권존중의 법질서 : 법무부 정책목표와 과제. 서울: 법무부.

유네스코한국위원회. 1995. 인권이란 무엇인가. 서울: 오름.

이상돈. 2005. 인권법. 서울: 세창출판사.

인권운동사랑방 인권교육실. 1999. 인권교육 길라잡이. 서울: 인권운동사랑방 인권교육실.

임재홍. 2006. 인권법＝Human rights law. 서울: 아카넷.

정인섭. 2000. 국제인권규약과 개인통보제도. 서울: 사람생각.

조일문. 1959. 人權論. 進明文化社.

European Court of Human Rights, Survey, Thirty‑five years of activity(1959‑1994), Strasburg, 1995.

Buergental T., 1998. International Human Rights.(St. Paul, Minn.: West Publishing Co.)

UNDP 한국대표부. 2000. 인권과 인간개발＝United Nations Development Programme. 서울: UNDP 한국대표부.

약 어 표

해사관련 국제기구 지식정보원(국제기구 지식정보원 시리즈 ①)

경제관련 국제기구 지식정보원(국제기구 지식정보원 시리즈 ②)

환경관련 국제기구 지식정보원(국제기구 지식정보원 시리즈 ③)

인권관련 국제기구 지식정보원[국제기구 지식정보원 시리즈 ④)

해사관련 국제기구 지식정보원

약어표

APFIC

Asia-Pacific Fishery Commission
아시아·태평양수산위원회

CCAMLR

Commission for the Conservation of Antarctic
Marine Living Resources
남극해양생물자원보존위원회

COFI

Committee on Fisheries, FAO Fisheries Department
FAO 수산위원회

GLOBEC

Global Ocean Ecosystem Dynamics
전지구해양생태계역학

GLOBEFISH

글로브피쉬

GOOS

The Global Ocean Observing System
지구해양관측시스템

HELCOM

Helsinki Commission
Baltic Marine Environment Protection Commission
헬싱키위원회

IAEA

International Atomic Energy Agency
국제원자력기구

IAHS-AISH

International Association of Hydrological Sciences
Association Internationale des Sciences Hydrologiques

	국제수문학회
IAPH	International Association of Ports and Harbor 국제항만협회
ICES	International Council for the Exploration for Sea 국제해양탐사기구
IHO	International Hydrographic Organization 국제수로기구
IMO	International Maritime Organization 국제해사기구
INA PIANC	International Navigation Association PIANC (이전명: Permanent International Association of Navigation Congresses) 국제상설항해협회
IOC	Intergovernmental Oceanographic Commission 정부간 해양학위원회
IOC UNESCO	The Intergovernmental Oceanographic Commission of the United Nations Educational, Scientific and Cultural Organization 정부간 해양과학위원회
IOC/WESTPAC	IOC Sub-Commission for the Western Pacific IOC 서태평양 위원회
IODE	International Oceanographic Data and Information Exchange 국가간해양자료정보교환시스템
IOPC Funds	The International Oil Pollution Compensation Funds

	국제유류오염보상기금
ISA	International Seabed Authority
	국제해저기구
ITLOS	International Tribunal for the Law of the Sea
	국제해양법재판소
IWC	International Whaling Commission
	국제포경위원회
NAFO	Northwest Atlantic Fisheries Organization
	북대서양수산기구
OSPAR Commision	Convention for the Protection of the Marine Environment of the North-East Atlantic
	북동대서양의 해양환경보호를 위한 협약
PICES	North Pacific Marine Science Organization
	북태평양해양과학기구
POGO	Partnership for Observation of the Global Oceans
	지구해양관측공동체
SCOR	Scientific Committee on Oceanic Research
	해양과학위원회
SEAFDEC	Southeast Asian Fisheries Development Center
	동남아수산개발센터
TOKYO MOU	Tokyo Memorandum of Understanding
	아·태 지역 항만국통제 양해각서
UNFCCC	United Nations Framework Convention on Climate Change
	유엔기후변화협약

WCRP   World Climate Research Programme
                    세계기후연구프로그램

WMO   World Meteorological Organization
                    세계기상기구

WMU   World Maritime Unviersity
                    세계해사대학

World Fish Center   International Center for Living Aquatic Resources
                    Management
                    (전 ICLARM) 국제수산자원관리센터

경제관련 국제기구 지식정보원

AARDO   Afro-Asian Rural Development Organization
아 · 아 농촌개발기구

ACP Group   African, Caribbean, Pacific Group
아프리카, 카리브, 태평양국가 그룹

ACS   Association of Caribbean States
카리브국가연합

ADB   Asian Development Bank
아시아개발은행

ADC   Andean Development Corporation
안데스개발공사

AfDB   African Development Bank
아프리카개발은행

ANCOM   Andean Community
안데스공동체

APDC   Asian and Pacific Development Centre
아 · 태 개발센터

APEC   Asia-Pacific Economic Cooperation
아 · 태 경제협력체

ASEAN   Association of Southeast Asian Nations
동남아시아국가연합

BADEA   Arab Bank for Economic Development in Africa
아랍 · 아프리카 경제개발은행

BIS   Bank for International Settlements
국제결제은행

CABEI   Central American Bank for Economic Integration
중미경제통합은행

CARICOM Caribbean Community
카리브공동체

CDB   Caribbean Development Bank
카리브개발은행

CFC   Common Fund for Commodities
상품공동기금

CIRDAP   Centre on Integrated Rural Development for Asia and the Pacific
아·태지역농촌종합개발센터

COMESA   Common Market for Eastern and Southern Africa
동남아프리카공동시장

CS   The Commonwealth Secretariat
영연방사무국

EAC   East African Community
동아프리카공동체

EADB   East African Development Bank
동아프리카개발은행

EBRD   European Bank for Reconstruction and Development
유럽부흥개발은행

ECA   United Nations Economic Commission for Africa
아프리카경제위원회

ECE   United Nations Economic Commission for Europe
유럽경제위원회

ECLAC   Economic Commission for Latin America and the

	Caribbean/Comision Economica para America Latinay ElCaribe(CEPAL)(스페인어)
	라틴아메리카 카리브해 경제위원회
ECO	Economic Cooperation Organization
	경제협력기구
ECOSOC	United Nations Economic and Social Council
	유엔경제사회이사회
EFTA	European Free Trade Association
	유럽자유무역연합
EIB	European Investment Bank
	유럽투자은행
ESCAP	United Nations Economic and Social Commission for Asia and the Pacific
	아·태경제사회위원회
ESCWA	Economic and Social Commission for Western Asia
	서아시아경제사회위원회
FAO	United Nations Food and Agriculture Organization
	유엔식량농업기구
FEALAC	The Forum for East-Asia-Latin America Cooperation
	동아시아·라틴아메리카 협력포럼
IDA	International Development Association
	국제개발협회
IDB	Inter-American Development Bank
	미주개발은행
IFAD	International Fund for Agricultural Development
	국제농업개발기금
IFC	International Finance Corporation
	국제금융공사

IGAD	Intergovernmental Authority on Development 정부간개발기구
IGC	International Grains Council 국제곡물이사회
IMF	International Monetary Fund 국제통화기금
IOSCO	International Organization of Securities Commissions 국제증권관리위원회
ITC	International Trade Centre 국제무역센터
LAIA/ALADI	Latin American Integration Association 라틴아메리카통합기구
LAS	League of Arab States 아랍연맹
MIGA	Multilateral Investment Guarantee Agency 국제투자보증기구
NATO	North Atlantic Treaty Organization 북대서양조약기구
OAS	The Organization of American States 미주기구
OECD	Organization for Economic Cooperation and Development 경제협력개발기구
OECS	Organization of Eastern Caribbean States 동카리브국가기구
OPEC	Organization of Petroleum Exporting Countries 석유수출국기구
SAARC	South Asian Association for Regional Cooperation 남아시아지역협력연합

SCO	Shanghai Cooperation Organization 상하이협력기구
SEAMIC	Southern and Eastern African Mineral Centre 동남아프리카광물센터
SELA	Latin American and Caribbean Economic System 라틴아메리카경제체제
UNCDF	United Nations Capital Development Fund 유엔자본개발기금
UNCITRAL	United Nations Commission on International Trade Law 유엔국제무역법위원회
UNCTAD	The United Nations Conference on Trade and Development 유엔무역개발협의회
UNCTAD-UNDP Global Programme	The Global Programme on Globalization, Liberalization and Sustainable Human Development 세계화, 자유화, 지속가능한 인간발달에 대한 국제프로그램
UNDP	United Nations Development Programme 유엔개발계획
UNIDO	United Nations Industrial Development Organization 유엔공업개발기구
WB	World Bank 세계은행
WCO	World Customs Organization 세계관세기구
WFP	World Food Programme 세계식량계획
WTO	World Trade Organization 세계무역기구

[국제기구 지식정보원 시리즈 ③]

환경관련 국제기구 지식정보원

APPPC

Asia and Pacific Plant Protection Commission
아·태식물보호위원회

Basel Convention

Basel Convention on the Control of Transboundary Movements of Hazardous Wastes and their Disposal
바젤협약

CABI

CAB International
국제병해충연구소

CAN

Climate Action Network International
국제기후행동네트워크

CBD

The Convention on Biological Diversity
생물다양성협약

CCAMLR

Commission for the Conservation of Antarctic Marine Living Resources
남극해양생물자원보존위원회

CITES

Convention on International Trade in Endangered Species
멸종위기에처한야생동식물의국제무역에관한협약

FoEI

Friends of the Earth International
지구의벗국제본부

GEF

Global Environment Facitity
지구환경금융

Greenpeace International

               Intergovernmental Forum on Chemical Safety
그린피스

IFCS   Intergovernmental Forum on Chemical Safety
정부간화학안전협의체

IPCC   Intergovernmental Panel on Climate Change
기후변화에관한정부간패널

IPCS   The International Prorgramme on Chemical Safety
국제화학안전계획

ITTO   International Tropical Timber Organization
국제열대목재기구

IUCN   International Union for the Conservation of Nature and Natural Resources
국제자연자원보존연맹

OECD EPOC   OECD Environment Policy Committee
OECD 환경정책위원회

OECD Environment Directorate

               OECD 환경위원회

The Ozone Secretariat

               Secretariat for the Vienna Convention for the Protection of the Ozone Layerand for the Montreal Protocol on Substances that Deplete the Ozone Layer
비엔나협약및몬트리올의정서사무국(오존사무국)

The Ramsar Convention on Wetlands

               Convention on Wetlands of International Importance Especially as Waterfowl Habitat
물새서식지로서국제적으로중요한습지에관한 협약
(람사협약)

RAN	Rainforest Action Network 열대우림보호운동네트워크
Sierra Club	씨에라클럽
UNCCD	United Nations Convention to Combat Desertification 유엔사막화방지협약
UNCSD	Commission on Sustainable Development 유엔지속가능한개발회의
UNDP	United Nations Development Programme UN 개발계획
UNEP	United Nations Environment Programme 유엔환경계획
UNEP – WCMC	United Nations Environment Programme World Conservation Monitoring Centre UN 환경계획 – 세계보존모니터링센터
UNFCCC	United Nations Framework Convention on Climate Change 유엔기후변화협약
UN-HABITAT	United Nations Center for Human Settlement UN 인간정주센터
WBCSD	World Business Council for Sustainable Development 세계지속가능발전기업협의회
WMO	World Meteorological Organization 세계기상기구
Worldwatch	World Watch Institute 월드워치연구소
WWF	World Wildlife Fund for Nature 세계야생생물기금

[국제기구 지식정보원 시리즈 ④]

인권관련 국제기구 지식정보원

ACHR Asia Center for Human Rights
아시아인권센터

AHRC Asian Human Rights Commission
아시아인권위원회

AI Amnesty International
국제사면위원회

Anti-Slavery International
국제노예제도반대기구

AWID Association for Women's Rights in Development
여성인권협회

CATW Coalition against Trafficking in Women
여성매매반대연합

CCC Clean Clothes Campaign
클린클로즈캠페인

CRIN Child Rights Information Network
아동인권정보네트워크

CWI Childwatch International Research Network
아동인권국제연구네트워크

DAW Division for the Advancement of Women
여성지위향상국

ECPAT End Child Prostitution, Child Pornography and
Trafficking of Children for Sexual Purposes(ECPAT)

International

국제아동성착취예방기구

ENAR European Network against Racism

인종차별반대유럽네트워크

Equality NOW 이퀄리티나우

Free the Children International

국제아동단체

GAATW Global Alliance against Traffic in Women

여성매매반대국제동맹

GFW Global Fund for Women

글로벌여성기금

Global Rights 글로벌라이츠

HREA Human Rights Education Associates

인권교육연합

HRW Human Rights Watch

인권감시기구

HRWF Human Rights without Frontiers International

국경없는인권

Human Rights First 전 LCHR(Lawyers Committee for Human

Rights)

인권변호사협회

Hurights Osaka

Asia-Pacific Human Rights Information Center

아시아·태평양인권정보센터

ICRW International Center for Research on Women

국제여성연구센터

ILO International Labor Organization

국제노동기구

ILRF   The International Labor Rights Fund
국제노동권기금

INSTRAW   United Nations International Research and Training
Institute for the Advancement of Women
여성지위향상을위한유엔훈련연구소

IWRAW   International Women's Rights Action Watch
국제여권실행감시기구

MRG   Minority Rights Group International
소수집단인권단체

OHCHR   Office of the United Nations High Commissioner for
Human Rights
유엔인권고등판무관실

OMCT   World Organization against Torture
고문반대세계기구

Save the Children
세이브더칠드런

SW   Sweatshop Watch
노동착취공장감시기구

UNHCR   Office of United Nations High Commissioner for
Refugees
유엔난민고등판무관사무소

UNIFEM United Nations Development Fund for Women
유엔여성개발기금

WHRnet Women's Human Rights Net
여성인권망

국문색인

영문색인

· 저자 ·

노영희
(魯榮姬)

·약 력·

연세대학교 문헌정보학과 정보학 박사
한국과학기술연구원(KIST) 자료실 연구원
한국정보공학(KIES) 정보검색엔진개발팀 팀장
이화여대 국제정보센터 자료실장
현 건국대학교 문헌정보학과 교수
　교육인적자원부 대학도서관 정책자문위원
　DLS 표준관리위원회 위원

·주요 저서 및 논문·

「개념기반 검색을 위한 시소러스 관계의 효과적 활용방안에 관한 연구」
「주제별 분산 지식베이스에 의한 개념기반 정보검색 시스템의 성능향상에
관한 연구」
「A Study on Automatic Text Categorization of Internet Documents」
「A Study on the Estimation of Performance of ConceptBased
Information Retrieval Model Using the Web」
「기계학습 기반 피드백 과정을 통한 SDI 시스템의 성능향상에 관한 연구」
「문헌정보학 교육과정의 특성화된 프로그램 개발 및 활용에 관한 연구」
『디지털콘텐츠의 이해』
『인문과학과 예술의 핵심 지식정보원』
『경제학의 핵심 지식정보원』
『2008 한국문헌정보학 교과과정』
『개념기반 정보검색 기법』
외 다수

홍현진
(洪賢珍)

·약 력·

연세대학교 문과대학 문헌정보학과(학사)
University of Michigan in Ann Arbor 문헌정보학과(석사)
연세대학교 대학원 문헌정보학과(박사)
대우경제연구소 정보자료실 실장
한국도서관협회 기획위원
국립중앙도서관 장서개발위원
문화관광부 문화기반시설 평가위원
현 정보관리학회 편집위원
교육인적자원부 대학도서관 정책자문위원
문화관광부 국가도서관정책 자문위원
전남대학교 사회과학대학 부학장
전남대학교 사회과학대학 문헌정보학과 교수

·주요 저서 및 논문·

「우리나라 공공도서관에 대한 평가지표 연구」
「웹 기반 데이타베이스의 품질평가 기준 개발에 관한 연구」
「국가문헌센터 건립 최적화 연구」
「A Study on Possible Ways to Improve Policy Information Services and
Demand Survey Analysis」

국제기구 지식정보원 시리즈 ❹

인권관련 국제기구 지식정보원

초판인쇄 | 2009년 6월 22일
초판발행 | 2009년 6월 22일

공 저 | 홍현진, 노영희
펴낸이 | 채종준
펴낸곳 | 한국학술정보㈜
주 소 | 경기도 파주시 교하읍 문발리 파주출판문화정보산업단지 513-5
전 화 | 031) 908-3181(대표)
팩 스 | 031) 908-3189
홈페이지 | http://www.kstudy.com
E-mail | 출판사업부 publish@kstudy.com

등 록 | 제일산-115호(2000. 6. 19)
가 격 25,000원

ISBN   (Paper Book)
     978-89-268-0058-4 98060 (e-Book)